辛德勇

學人書影四集

九州出版社
JIUZHOUPRESS

圖書在版編目（CIP）數據

學人書影四集 / 辛德勇著 . -- 北京 : 九州出版社，2024.1
ISBN 978-7-5225-2542-6

Ⅰ . ①學… Ⅱ . ①辛… Ⅲ . ①書影 - 中國 - 清代
Ⅳ . ① G256.29

中國國家版本館 CIP 數據核字 (2024) 第 033724 號

學人書影四集

作　　者　辛德勇
責任編輯　李黎明
出版發行　九州出版社
地　　址　北京市西城區阜外大街甲 35 號
郵　　編　100037
發行電話　（010）68992190/3/5/6
網　　址　www.jiuzhoupress.com
印　　刷　北京捷迅佳彩印刷有限公司
開　　本　880 毫米 × 1230 毫米　32 開
印　　張　17
字　　數　220 千字
版　　次　2024 年 4 月第 1 版
印　　次　2024 年 4 月第 1 次印刷
書　　號　ISBN 978-7-5225-2542-6
定　　價　168.00 圓

摄影：黎明

目錄

四七六　海豐吳氏文存四卷（殘）

四七八　奏雅世業不分卷

四八二　李貞烈孫少君輓詩一卷

四八六　清尊集十六卷

四九〇　延秋小集一卷

四九二　南藤雅韻集一卷

四九四　雁山遊草一卷

四九八　横江酬唱詩鈔一卷

五〇二　詠物七言律詩偶記一卷

五〇四　詠物詩不分卷

五四〇　精選名儒草堂詩餘三卷

自序

按照經、史、子、集的順序走下來，這部《學人書影四集》收錄的自然是篋存清刻集部書籍。前面的初、二、三集，在寫自序的時候，分別從不同角度，講述了我對相關版本問題的看法，但沒有直接從收藏的角度談及我蒐求這些清代刻本的取向問題，即我主要是從哪些方面考慮纔買下這些書籍的？我想這是很多讀者都很感興趣的一個問題。現在到了『收官』時刻，我就結合收錄在這裏的集部書籍，和大家就此做些交流。

我買古刻舊本，是從西安調到北京工作之後開始的；具體的時間，是在一九九二年。原因很簡單——北京有書。當時，全國各地賣古書的門店並不很多，古舊書肆主要集中在北京、上海，此外還有天津、廣州、揚州等地。我原來讀書和工作的城市——西安就基本沒有這類書售賣。

在那個時代，還沒有上綱劃拉『資源』的事兒，學古代文史的人，特別是具有足夠學術興趣的學人，逛古舊書店買舊書，對每個人來說，都是必然之事。區別，衹是逛得多一些，或是逛得少一些。

我算是那種逛得比較多的人，在很大程度上已把逛古舊書店視作生活的日常。原因，一是我家祖上是傭農，自然沒家學，更沒詩書傳家，不買，就沒書讀。二是從上小學時起，我的大部分知識，主要都是靠自己讀書獲得的。包括課本，也都是在老師講課之前，基本上就都自己看懂了，甚至包括習題也都做過了。當初能夠考上研究生，中國通史和古代漢語這些專業課，也都是這樣自己讀書學會的。既然讀書對我這麼重要，那在具有相應能力的時候，就要儘量多買些書。想買到好的文史書就得多逛古舊書店，這沒有什麽道理好講。

逛書店是看到什麽書纔能買什麽書。到了北京之後，古舊書店十幾家，逛得不亦樂乎，買得也就愈加瘋瘋癲癲。

因爲從一開始買書就是爲了更好地讀書，爲了使讀書生活更爲有趣，所以我購買古刻舊本的着眼點，首先也是這些書籍的史料價值。

衡量一部古籍史料價值大小的標準或角度並不統一，也無法絶對化。往往怎麽看有怎麽樣的道理，一個人有一個人的眼光；至少我一向就是這麽想的。

不僅集部書籍，其他經、史、子三部也是如此——最具有獨特史料價值的書，便是惟我獨有的孤本祕籍。

不過具體落實到清代刻本上來，由於時代較近，並不是每一部印本的存世狀況都很清楚，甚至可以説大部分書籍到底有多少印本存世人們並不清楚；也就是説，在目前情況下，一部流傳十分稀少的清代刻本到底是不是孤帙獨存，確實不大能説得清楚。

儘管如此，一些依據目驗實物而編著的重要書目，如《販書偶記》正續編，又如李靈年等人編著的《清人別集總目》、柯愈春編著的《清人詩文集總目提要》，這些基本版本目錄書籍若是都沒有著錄，大致可以説明即使尚別有印本存世，其存世數量也一定極爲尠少，不妨姑且以僅存的孤本視之。

由於在購買古書時較爲偏重這一視角，所以在這本《學人書影四集》裏面，就收有很多這樣的書籍。譬如，像康熙三十年刻本丘天爵《懸瓠集》、雍正三年刻本俞粲《芥菴詩略》、嘉慶二年寫刻本翁霆霖《栽花草》、嘉慶九年精刻本張炳《來鵲山房詩集》、道光十六年刻本劉孚慶《小雲莊詩藁》、道光十二年刻本李文杰《續瀞江詩鈔》、道光二十二年刻本董筠《香雪廬詩存》、同治十三年刻本趙可雋《菩提山房初藁》、光緒十五年刻八卷本張祿堂《省齋詩存》、光緒二十四年刻本楊能格《歸硯齋詩集》，還有道光十四年古棠書屋寫刻本孫澍編著《國朝古文選》、康熙刻本施琠等撰《湘南三客吟》、康熙前期刻本來集之編著《奏雅世業》、康熙三十九年刻本張步瀛編著《李貞烈孫少君輓詩》、道光四年刻本葉樹枚編著《延秋小集》、道光二十二年刻本王鎮編著《南藤雅韻集》、同治十年溫處道署刻本方鼎鋭、郭鍾岳合著《雁山遊草》、光緒後期刻本廖鼎璋編著《横江酬唱詩鈔》、光緒十三年退齋刻本趙雲鶴等撰《詠物詩》等，就都是這樣。

在這方面，我還特别注意蒐求那些女性作者的詩文别集。如嘉道間刻本友蘭夫人《友蘭夫人遺稿》、道光八年問月樓刻本吴秀珠《綘珠閣繡餘草》、光緒五年刻本何承徽《儀孝堂詩卷》、光緒二十二年刻本吴麟珠《倚琴閣詩草》等。在傳統禮教嚴厲束縛下的古代女性，其中一小部分受過良好教育且具有寫作能力的人，通常衹能通過詩詞來抒寫自己的情懷，而在男人的世界裏她們這些詩詞作品又很少有人關注，所以書雖然刻出來了，可印行的數量和流通的範圍大多都很有限，時至今日，往往僅有孤本存世。

這些書籍固然不是什麼名著，作者也大多不是什麼名人，有些甚至普通到籍籍無名的程度，用個不大恰當的詞語來描述，大多不過芸芸衆生而已。然而，每個人都是一條生命，他們撰著或編纂的每部詩文集都是這些生靈留在這個世界上的文字。

我們認識歷史，我們瞭解歷史，就是要關注每一個活生生的人。偉大的司馬遷，撰著中國古代第一部偉大的紀傳體通史《史記》，其最爲突出的偉大之處，就是創製了紀傳體這一體例，通過一個個人物傳記來展現歷史的全貌。

我比較留意蒐求這些生僻的集部文獻，基本出發點就是留住這些歷史的記錄，留下這一個個生命走過的足跡和他們曾經抒發的心聲，特別是那些深受壓抑的女性。我理解，收藏的本質，是留住歷史，而藏品越是稀少也越具有收藏價值，當然最好是獨一無二的孤品。這就是我對收藏的理解，因而以稀爲貴是我過去蒐求古刻舊本時所遵循的一項重要原則。

由傳世稀少甚至獨一無二這一追求出發，我還一直十分注意蒐求試印的樣本。所謂試印樣本，是指那些在書版尚未最後雕鐫完工的情況下所刷印的本子。這種印本，通常是用於校對審覈，因而文字內容或與大批正式的印本不盡相同；至少在形式上，這些試印樣本往往會存有某些墨釘，待正式確定這裏的文字之後再刻梓上去。

這樣的印本，集部典籍尤爲多見。這是因爲不管是頁碼，還是卷次，集部書籍、特别是個人别集，其卷次或葉序在付梓時還都没有最後排定，常常待先刻出印樣後再根據這種試印樣本做出最後的編排和調整，在最後編定的過程中有時還會對書中的内容有所增删改動，而這種卷次或頁碼存有墨釘待梓的印本，自然稀見難求。

由於我在訪書問書的過程中一直刻意蒐求，這部《學人書影四集》就收有多部這樣的試印樣本。例如康熙五十五年刻本孔毓璣《秋巖詩草》、康熙年間刻本潘鍾麟《澄秋書堂詩稿》、康熙雍正間刻本梁份《懷葛堂文集》、嘉慶十一年刻本錢大昕《潛研堂文集》、道光元年江陰學使署刻本姚文田《邃雅堂集》、道光二十五年刻本陳世鎔《求志居集》、約同治末年至光緒初年間刻本劉恭冕《廣經室文鈔》、光緒十五年閑存小舍刻本《蘧盦文鈔》、光緒六年廣州刻本譚宗浚《希古堂文乙集》、清末刻本黄炳堃《希古堂稿》、宣統元年刻本劉師培《左盦集》，還有嘉慶道光間刻本馮登府《種芸詞》、宣統二年刻本吴重憙編著《海豐吴氏文存》等。這樣的印本在書肆上雖然時或可見，可具體到某一種書上，卻都難得一遇。祇有長年累月日積月累，纔會獲得上述收藏。

像這樣的試印樣本，後來大多會有改定書版後的正式印本，有時則會有後來增續的内容，若是能把這前後印本匯聚於一室，那是藏書愛好者的一件樂事，也是難得的幸事。

譬如上文提到的嘉慶十一年刻本錢大昕《潛研堂文集》，我得到的試印墨釘本，僅有其中『答問』部分的卷一至卷六（這『答問』部分共有十五卷），而後來有一次竟在外地書攤上以廉值購得這一原刻本的五十卷全本。錢大昕是我最爲敬重的古代學人，沒有之一，是唯一的、至高無上的仰慕對象。他的文集，收錄的都是論學名篇，能夠收藏這樣一套他的文集『系列』，自然深感榮幸；況且即使單論後來的正式印本，現在要想得到這樣一部一代學術巨擘的原刻本文集，也是很不容易的事兒了。

再如道咸間江蘇句容著名學者陳立的《句溪雜著》，先有道光二十三年揚州初刻試印樣本；繼之復於咸豐二年冬在京師刊刻續編本二卷，書版梓成後版木被帶回江蘇句容老家，也僅有試印樣本；至同治三年冬，作者又在揚州初刻二卷本與京師續編二卷本的基礎上，另增有新的篇目，不過全文都已重新編排，也是僅有少量試印樣本存世。這些試印樣本，在卷次、頁碼處都留存墨釘待填。其後，到了同治八年，陳立之子汝恭於乃父身後『謹檢未刻文字，請寶應劉先生恭冕、儀徵劉君壽曾擇存十四首續刊之爲第六卷』，即在同治三年舊版的基礎上增刻新編第六卷。不過這次一併鐫入了全書各個部分的卷次和頁碼，成爲陳氏文集最終的完本。這些刻本，現在要想得到哪一本都不大容易，幸運的是我累積多年，竟然得到了此著作系列的所有四個版本。

又如清末學者劉嶽雲的《食舊德齋雜著》，有光緒八年初刻本和稍後的再刻本，再刻本是在初刻本的基礎上續刻新增之文，但書中卷次、頁碼都還沒有排定刻出。這兩種文集的每一種都不大容易得到，前者尤爲罕覯難求。值得自誇的是，我竟同時擁有這前後兩種刻本。

其實最可以清楚地判定屬於僅存孤本的書籍，是那些批注本——因爲這些批注基本上都是唯一的，是人世上僅有的一部。

清初一代宗師顧炎武的文集《亭林文集》和詩集《亭林詩集》，原稿各自五卷，是他自己編定後，由學生潘耒於康熙年間刻印。其時已在乃師身後。

我得到的這套《亭林文集》和《亭林詩集》都是書版刊成未久的初印本，較諸後印者有重大差異。《詩集》是由於後來在乾隆年間因『違礙』詞句殊多而被大量剜缺，當年商務印書館纂修《四部叢刊》，據以影印的《亭林詩集》就是這種後印剜改本，可見初印完本之罕見難求。《文集》則由於潘耒爲乃師續編了最末的第六卷，其中誤收一條顧炎武鈔自《文獻通考》的文字，潘氏題作《讀隋書》。初刷未幾，潘耒就發覺這一疏誤，對相關版面做了『抽改』。我得到的不僅是未經『抽改』的初印原本，還是乾嘉間著名學者江蘇山陽（今淮安）人吳玉搢的舊藏，而且吳氏還在書中寫有長跋，講述這一版本的佳妙之處。

讀跋文可知，吳氏購得此書，是雍正元年冬在蘇州的書肆上。當時吳氏橐中已無購書之款，而由於此書難得一遇，他便不得不在寒風中渡江北上，特地回家取錢來買。吳氏自言當時『寒風淒厲，以片席蔽體，四顧江天，曠然一覽，不知其苦也』，足見其求書之切與得書之樂。後來二十多年間，南北奔走，他竟再未一遇此等初印之本。時至今日，其書自然愈加稀罕珍貴。

從一般欣賞閱讀角度批點詩文集，我這本書影中收有清末楊鍾羲批注的翁方綱編著《七言律詩鈔》、清中期學者丁晏批注的《漁洋山人精華錄訓纂》等，而我在蒐求古書時更爲看重的是直接針對本書編刻情況或相關史事的批文。

在這方面，有一部佚名批注清初畫家惲格的詩集《甌香館集》，批注者以詩帖畫卷實物等對惲詩做了很多校訂。又吴汝綸在清末編著過一部分體的《古詩鈔》，其五言古詩部分，是用王士禛的《古詩選》作基本依據，加以增删改易。我剛到北京買古書不久，在中國書店海淀分店買下一部王漁陽《古詩選》的殘本，僅存三十二卷全書的前五卷。殘缺過甚，而且還是部同治五年金陵書局的翻刻本，實在太大路貨了，那麼我還買它幹什麼？買它，就是衝着書中有批，而且批書的人是清末桐城派名家吴汝綸的公子吴闓生。吴闓生寫下的批語數量很大，實際上以此金陵書局本《古詩選》爲底本，在改作新著《古詩鈔》。换句話來說，這部《古詩選》殘本乃是《古詩鈔》的稿本，是吴闓生在迻錄乃父的選詩評語（間有闓生自案）。作爲一個歷史學研究者，遇到這種相當於稿本的批注本，能不鄭重收儲？

還有我外出間偶然在西安舊書攤上買到過一部《池陽吟草》，書中帶有更具史料價值的批語。這是一部詩集，作者余庚陽在同治年間任陝西三原知縣，恰巧趕上了陝甘間所謂『回亂』。《池陽詩草》所收同治元年至四年詩『皆回亂已來紀事之筆』，因而對研治這一時期相關的史事，具有重要價值；特別值得重視的是，還有佚名者在書中批注有大量史事細節，這無疑大幅度提高了此書的史料價值，能不珍重儲之？

單純從詩文集的内容上來看，著名的詩文名家如施閏章、王士禛、厲鶚、吴兆騫、吴錫麒、胡天游、黄景仁輩自不必言，除此之外，我在買書時最爲注重的還是學者的學術研究文集，因爲這就像現代的學術論文集一樣。像前面提到的顧炎武《亭林文集》、錢大昕《潛研堂文集》、汪中的《述學》、姚文田的《邃雅堂集》、陳立的《句溪雜著》、劉恭冕的

《廣經室文鈔》、劉嶽雲的《食舊德齋雜著》、劉師培的《左盦集》等，就都是這樣。

另外，由於我在學術研究中『起家』的專業是歷史地理學，所以購求詩集時對紀行詩和寫景詩也較爲關注，例如收錄在這本《學人書影四集》當中的劉秉恬《述職吟》和明佚名編著《西湖竹枝詞》就都屬於這類。特別需要指出的是，清代後期人斌椿的《海國勝遊草》，這書雖然算不上稀見，且薄薄小冊，刊刻的時代既晚，版刻亦頗欠佳，但由於這是中國人有史以來第一次出使西洋列國，其所見所聞所詠，對於中國與世界這個在今天仍然十分重大的命題來說，是具有非常重要的史料價值的。

從更爲廣闊的大衆收藏角度看，當然版刻精美，書品潔淨，是最重要的好書判斷標準。這一點也當然沒有什麼不好。至於個人能不能收藏，衹是你的能力問題。作爲一介書生，我當然不具備與之匹配的能力。不過多年徜徉書肆，機緣巧合，也陸續買下幾部這類精品美品，有的還十分罕見。

其中大名鼎鼎、幾乎愛好舊書者人皆耳熟能詳的，如林佶寫刻本《漁陽山人精華錄》、孔繼鑅的《心嚮往齋詩集》、汪中的《述學》，還有鍾韞的《海昌麗則》本《梅花園存稿》等，這些自然不必多說。不過限於財力，得到的印本品相未必都那麼盡如人意。其他像海源閣刻《蔡中郎集》、吳調元刻《林和靖先生詩集》、潘耒刻《亭林詩文集》、兩種盛昱《鬱華閣遺集》、吳汝綸《桐城吳先生文集》、王闓運《夜雪集》、吳麟珠

《倚琴閣詩草》，還有光緒四年遼陽賴氏揚州寫刻本唐殷璠編著的《河岳英靈集》、孫澍編著的《國朝古文選》、陳維崧編著的《篋衍集》、汪遠孫編著的《清尊集》、方鼎鋭與郭鍾岳合著的《雁山遊草》、光緒二十六年精刻本周邦彦《清真集》、夏敬觀《吷盦詞》等，俱屬清代版刻精品。

在這類書籍中，版刻最佳的，是業師黃永年先生所賜《四婦人集》，而最爲罕見的名品，則是陸鍾輝精刻本《陸宣公集》。雍乾間人陸鍾輝重刻了一批舊本古籍，其中也包括陸姓先賢的著述，如陸龜蒙的《笠澤叢書》，字體紙墨俱極盡精美，愛書人竞相藏弆，然非寒素如余者力所克辦。孰料老天垂顧讀書人，竟讓我有機緣以廉值得到一部陸氏刊刻的《陸宣公集》，不僅精刻初印，印書用的還是開化紙，簡直美輪美奂，世間卻絕少有人知曉尚有這一刻本存世。此等好事，真堪稱文字之福——是苦心讀書修來的福分。

二〇二三年十一月二十六日午間草稿

二〇二三年十一月二十六日改定

凡例

一、清代刻本，通常在書前刊印有内封面。這種内封面，是清代刻本的重要標誌，其作用略與今書籍封面相當。今選録的每一種版刻，凡存有内封面者，不拘完好程度如何，一律印出。惟諸本内封面或襯有薄紙護持，以致無法獲取清晰書影，祈讀者諒之。

二、清代刻本，多鐫印有刻書牌記。牌記是載録刻書時間和刻書地點的重要附件，其作用略與今書籍版權頁相當。今選録的每一種版刻，凡存有刻書牌記者，不拘完好程度如何，一律印出。

三、酌情選印一些鐫有刻工姓名和校勘者姓名的頁面。

四、每書原則上選取正文卷一首頁正面（或殘本正文首頁正面）。若正文首頁正面闕失或有嚴重毀損，擇取其他頁面。

五、文字説明，略仿先師黄永年先生與賈二强學長編著《清代版本圖録》的體例。

六、每書有特别意義的内文，酌情選印若干葉面。

七、爲便於閲覽，印製形式，乃右文左圖。若選收葉面爲偶數或個别説明文字佔兩頁者，則酌情增選一葉，以保持版式不變。

八、版框的高度和寬度，若無特别説明，係指正文首頁版框内側數值，雙邊者據内側細邊。高度係量測右邊框處，寬度係底邊框處正面半葉的數值。

蔡中郎集十卷外紀一卷外集四卷末附傳表一卷

漢蔡邕撰

咸豐二年東郡楊氏海源閣仿宋刻本

此本乃聊城海源閣主人楊以增倩秀水高均儒勘定。其本集並外紀乃以黄丕烈、顧廣圻所校明萬曆陳留令徐子器刻本爲底本，博採衆本比勘；外集爲高氏集録編定；傳表則《後漢書》蔡邕本傳及清人王昶所纂中郎年表。是本校勘詳審，字體俊朗，於蔡集中最稱精備，堪稱雙絶。又此係初印之本，殊難得。本集及外集目録末俱鐫『金陵柏士達刊』。

版框高一九一毫米，寬一二六毫米。白口。

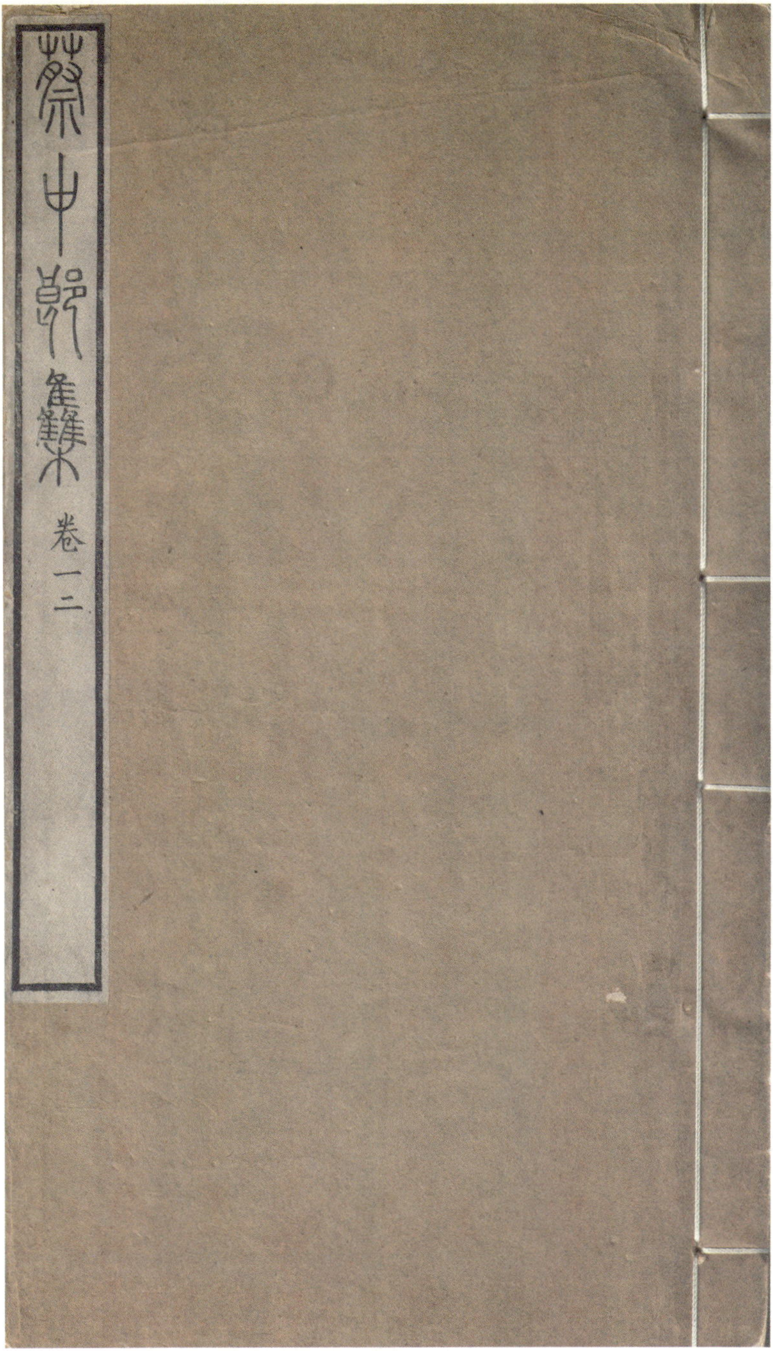
蔡中郎集
卷一二

蔡中郎集十卷

原編外紀壹卷今編

外集四卷傳表壹卷

⊙蔡中郎集內封面

咸豐二年東郡楊氏海源閣仿宋刊

飲馬長城窟行

篆勢

隸勢

釋誨

金陵柏士達刊

三 大五十七小四

蔡中郎集卷第一

漢左中郎將蔡邕伯喈撰（鈔本無漢字撰從活本徐本作傳非是）

故太尉橋公廟碑

（橋從范書玄傳及鈔本并他本徐本作喬非是案漢碑額書官每于官上書故字題與額一例而集中惟此碑題有故字仍之其無者亦不妄增）

光光列考（列喬本及他本作烈）伊漢元公克明克哲實叡實聰如淵之浚如嶽之嵩（嶽鈔本作岳嵩作松當是崧之譌）威壯虓虎文繁雕龍撫柔疆垂（疆鈔本作壃）戎狄率從

唐陸宣公集二十二卷首一卷

唐陸贄撰　康熙間陸氏留餘堂精刻本

世人所知《陸宣公集》在清代的最早刊本，爲雍正元年年羹堯刻本。此本『丘』字尚未諱孔子名改寫爲『邱』，故或刊刻於康熙年間。書係陸鍾輝所刊，諸卷末鐫『三十四世裔孫鍾輝重刊』注記。陸鍾輝在康雍乾間重刻多種前人著述，俱精刊精印，甚爲藏書家珍重，此亦其中之一。與陸氏所刊其他書籍之流佈較廣不同，此本傳世絕罕，且爲開化紙初印，乃頂級藏品。

版框高一八七毫米，寬一三六毫米。白口。

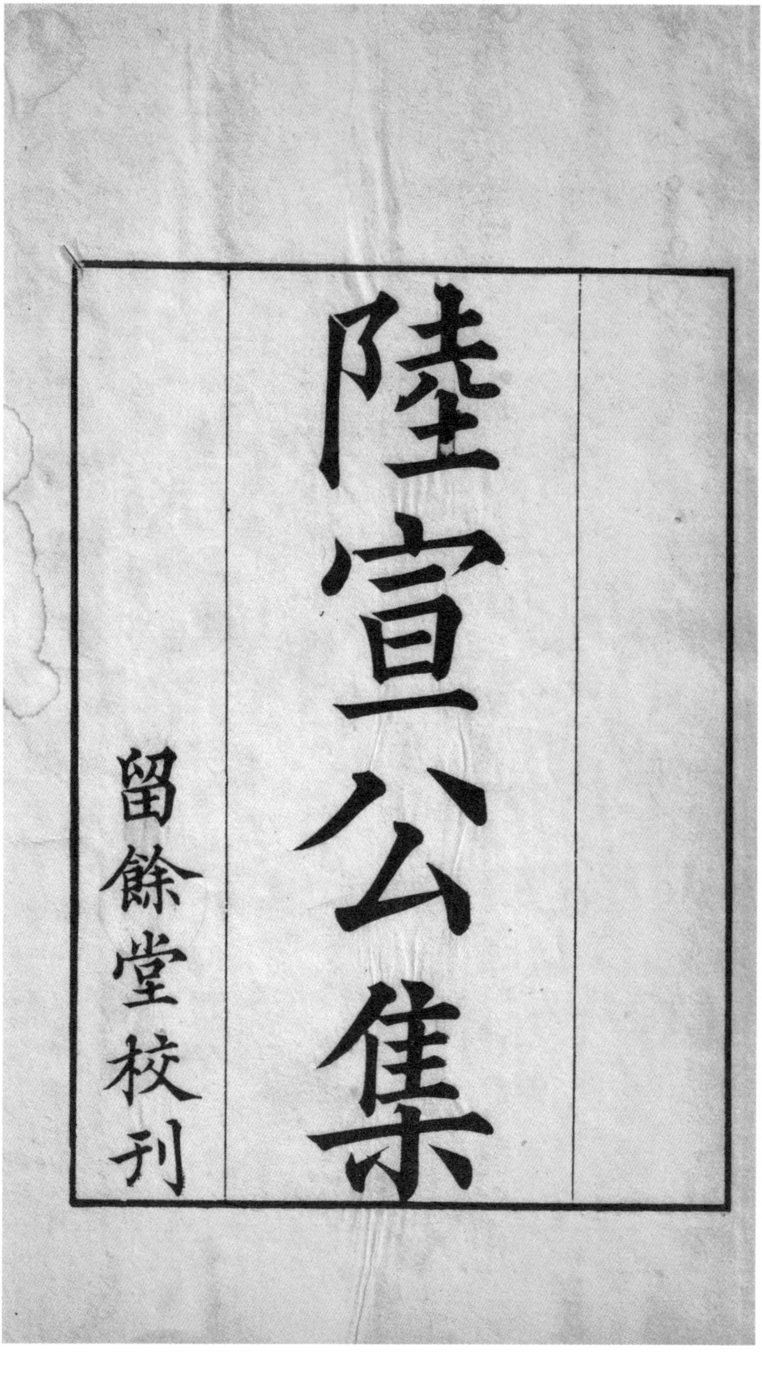

陸宣公集

留餘堂校刊

⊙唐陸宣公集內封面

唐陸宣公集卷第一

制誥 赦宥上

奉天改元大赦制 平朱泚後改建中五年爲興元元年

門下致理興化必在推誠忘己濟人不吝改過朕嗣守丕構君臨萬方失守宗祧越在草莽不念率德誠莫追於既往永言思咎期有復於將來明徵厥初以示天下惟我烈祖邁德庇人致俗化於和平拯生靈於塗炭重熙積慶垂二百年伊爾卿尹庶官洎億兆之衆代受亭育以迄于今功存于人澤垂于後肆予小子獲纘鴻業懼德不嗣罔敢怠荒然以長于深宮

見不勝愚誠懇款謹復布露以聞臣某惶怖死罪謹
言

唐陸宣公集卷第十二

三十四世裔孫鍾輝重刊

林和靖先生詩集四卷附省心錄一卷

宋林逋撰

康熙四十七年吳調元刻本

林集此本寫刻俊逸灑脱，傳世甚尠。目錄後鐫記『桐鄉汪安/定仝校』注記。鈐『補特加羅』白文方印。

版框高一六六毫米，寬一一八毫米。白口。

⊙林和靖先生詩集卷首林和靖像

桐鄉汪安定仝校

林和靖先生詩集卷第一

五言古詩

閔師見寫陋容以詩奉答

顧我丘壑人煩師與之寫北山終日懸風調一何野林僧忽焉至欲揖頃方罷復有條上猿驚窺未遑下

監郡太博惠酒及詩

塵事久謝絶園廬方晏陰鏗然郢中唱伸玩清

艮齋先生薛常州浪語集三十五卷

宋薛季宣撰

同治十年至十一年間刻本

薛氏係永嘉學派宗師，因與朱熹理念有別，此集宋代以後向未刊刻，南宋初刻本更早失傳。此本爲薛集最早傳世刻本，乃溫州瑞安人孫衣言呈請李鴻章出面主持在金陵書局刊刻。刊成後於金陵刷印極少幾部，李鴻章便命以書版歸諸孫氏。孫氏後在溫州彙印入《永嘉叢書》，流佈始廣。此金陵書局印本極其罕見，張之洞、傅增湘輩皆未寓目。

版框高一六一毫米，寬一三三毫米。黑口。

⊙艮齋先生薛常州浪語集內封面

浪語集

同治辛未二月
金陵書局開彫

艮齋先生薛常州浪語集卷第一

賦上

靈芝賦

宋興二百有三秊封陲載寍狼烽不驚上乃高揖凝旒棲神泰清天之與子法舜承堯祗載夔夔齋栗以朝帝袚衮章昇策寶列旌麾羅羽葆太師輔前少師保後工瞽登歌奉常贊道有覺彤庭皇拜稽首上天子之父號曰光堯壽聖太上皇帝母曰壽聖太上皇后宮維德壽康壽其堂邑養無違儀刑四方二聖相懽用惟其至仰孝俯慈假天準地二氣之精百物之英誕秀靈草乘時挺生隆興惟甲申歲之陽羲皇御寅斗直東方有茁者芝有粲其房不植不根于殿之梁輪囷扶疏馨香有秘紫色芬薀交光曄日歘騰龍而翥鳳追金相而玉質煥燿宸居清明帝閾閱之者

復古香奩集八卷附編一卷

元楊維楨撰

道光七年朱存孝（象賢）輯刻《一枝軒四種》巾箱本

此爲楊氏仿古詩作之集，别無單刻，而此刻入《一枝軒四種》者亦極罕見。蓋《一枝軒四種》乃巾箱小册，篇幅又薄，世人很容易輕忽放過。附編一卷，乃明人王德璉詞作。

版框高一〇〇毫米，寬七二毫米。下黑口。

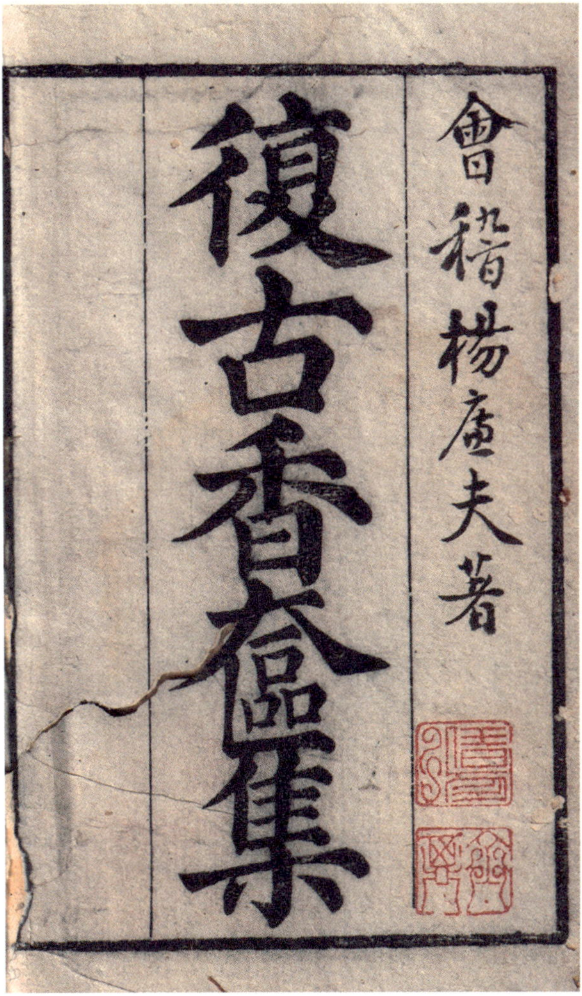

⊙ 復古香奩集內封面

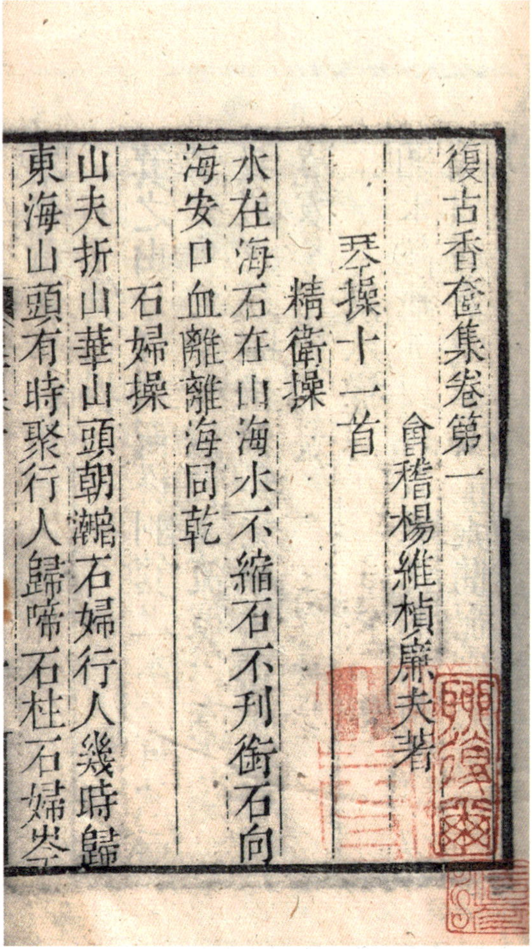
復古香奩集卷第一

會稽楊維楨廉夫著

琴操十一首

精衛操

水在海石在山海水不縮石不刋銜石向

海安口血離離海同乾

石婦操

山夫折山華山頭朝瀧石婦行人幾時歸

東海山頭有時聚行人歸啼石柱石婦岑

⊙ 復古香奩集內文首頁

⊙ 復古香奩集篇末朱存孝跋

楊鉄崖爲元世高雅之士所著甚多詩亦俊逸可觀乙未季夏偶得其復古香奩集一帙共八卷計小詩百二十五篇附王雲菴詩餘一卷計八闋猶是舊時雕本昔韓致堯著閨情麗語爲香奩集茲書以復古名者意爲世風日下作此欲復古時之高厚耶其中樂府諸篇誠古雅絶倫可堪嘉尚至于香奩一體乃藝林遊戲之作而鉄崖亦有意復古用

奩跋　一

重刻一峯先生集二卷

明羅倫撰

約清中期寫刻本

作者成化二年狀元，官翰林院修撰，號一峯。羅氏傳世文集有作十卷、十一卷、十四卷者，此上下兩卷本則別無所見，亦未見傅增湘《藏園訂補郘亭知見傳本書目》等目錄書籍著錄，甚稀見。此集乃由裔孫羅綱等梓行，觀其冠以『重刊』字樣，知原本必出自與通行本不同的另一系統，值得重視。

版框高一八二毫米，寬一二五毫米。白口。

羅一峯先生集目録

裔孫 綱立山 藻青玉川 鴻賓錦堂 清和如山 重鐫

卷上

重刻一峯先生集卷上

書

復胡提學書

斯民也三代之所以直道而行也不觀於今人乎目之視耳之聽口鼻之臭味手足之持行固三代之民也而獨此心異於三代之民乎何其才之古今之相遠也是豈學者之罪哉師之不以其人覺之不以其道耳天之生此民也使先知覺後知使先覺覺後覺古之覺人者覺之以禮義今之覺人者覺之以利欲

重刻一峯先生集卷下

雜著

說

靜軒說

人之生也靜感而後動生焉性靜也天下之大本也情動也天下之達道也心統性情妙動靜之主也敬以居之養其靜而制其動也子思子曰戒謹不睹恐懼不聞養其靜也莫見乎隱莫顯乎微制其動以養其靜也能制其動動亦靜靜亦靜動靜一矣是故敬

史忠正公集四卷附卷首一卷卷末一卷

明史可法撰

乾隆五十三年教忠堂刻本

史可法明末忠臣，殉難於揚州。乾隆四十一年，清廷予謚『忠正』，裔孫山清始得裒輯遺文，編爲四卷；另卷首附清廷褒賜之詞一卷，卷末附史氏傳記及後人祠祀贊頌之文一卷。此集初在乾隆四十九年由史氏教忠堂活字印行，然流佈不廣；四年後復雕版印行此本，孰知傳世更罕，諸家書目尠見著錄。

版框高一八二毫米，寬一二八毫米。白口。

史忠正公集

敬忠堂藏板

史忠正公集卷一

曾孫山清敬輯
元孫開純友慶恭校

奏疏

請濬河濟運疏

今歲漕船北上於六月內已盡過洪所運至八月者惟趕帮零船耳方望全帮回空早濟新運不意北河淺阻南下無多臣方以此爲慮乃突報開封河決下流盡淤向之洶湧而來者今且褰裳而涉矣嘗考河決入淮從來爲害即以國朝言之洪武二十四年決於原武由陳

宸翰暨在　廷諸臣應
制之作卷末則以諸名人題詠附焉光旭伏而讀之竊歎感
人之深莫如文章公少時受知於左忠毅公左視學時
拔公文置第一且以爲異日能支拄天下者左之知公
固神抑亦公之文早有慷慨磊落之氣剛大正直之性
流露而不可掩者乎今殘煤斷簡凜凜猶有生氣覽公
集者百世而下殆將如見其人矣
乾隆五十三年秋九月既望梁溪後學顧光旭敬書

亭林文集六卷

清顧炎武撰

康熙年間吴江潘氏遂初堂寫刻本

顧炎武手定文集五卷，生前未刊，此本係顧氏身後由門人潘耒梓行。潘氏刊刻時補編第六卷，錯將乃師鈔自《文獻通考》的《讀隋書》一篇編入集中。初印未幾，潘氏覺察有誤，便用《顧與治詩序》與《方月斯詩序》兩篇加以替换。此本即誤收《讀隋書》之最初印本，一向極爲罕見，且有清雍乾間著名學者吴玉搢長跋，至爲珍貴。

版框高一八七毫米，寬一四一毫米。白口。

亭林先生全集予得于雍正改元之十一月是時舟抵吳門客言坊間有是書急往購之槖中金已盡遂搭吳淞江鴨嘴船梢篷渡江寒風淒厲以片席蔽體四顧江天曠然一覽不知其苦也嗣後日置此書案上時時展讀心知其妙特未能盡耳越二十餘年北游燕冀遂歷昌平閱居庸之雄關拜十三陵於天壽山下山川不改風景重新然典籍闕如故老凋謝欲問往事冡焉無聞思一見亭林集中昌平山水記不可得也後從少司寇秦味經先生架上借得是書重讀一過至文集第六卷有頌與治方月湄二詩序竊訝其與集中他作不類追憶予家舊本似無此二篇舉似朋儕皆莫能定今年四月五弟南生重入都門行笈中攜予此書北來首檢此卷予本此處乃讀隋書一篇不知緣何刊去此篇易以二序行數相當字跡酷肖莫辨其爲補刻也此書在予案上雖時時披閱實亦不能一一記其篇目特以此二序文筆義法絕不相類遂啟予疑及證以原本私喜老眼雖花尚不至竟迷黑白然解人不易矣因識其說于卷端讀是書者試尋二序味之定知予言之不謬 乾隆廿一年五月十一日吳玉搢書於京師正藍旗官學之青出堂

⊙ 亭林文集卷首吴玉搢跋文

亭林文集卷之一

北嶽辨

古之帝王其立五嶽之祭不必皆於山之巓其祭四瀆不必皆於其水之源也東嶽泰山於博中嶽泰室於嵩高南嶽灊山於灊西嶽華山於華陰北嶽恒山於上曲陽皆於其山下之邑然四嶽不疑而北嶽疑之者恒山之綿亘幾三百里而曲陽之邑於平地其去山趾又一百四十里此馬文升所以有改祀之請也河之入中國也自積石而祠之臨晉江出於岷山而祠之江都濟出於王屋而祠之臨邑先王制禮因地之宜而弗變也考之虞書十有一月朔巡狩至於

意於所佽或肆威於亾國未必非斯言啓之也然則鞭墓可乎亦曰員之所以爲員而已矣

讀隋書

古今稱國計之富者莫如隋然攷之史傳則未見其有以爲富國之術也當周之時酒有榷鹽池鹽井有禁入市有稅至開皇三年而竝罷之夫酒榷鹽鐵市征乃後世以爲關於邦財之大者而隋一無所取則所仰賦稅而已然開皇三年調絹一匹者減爲二丈役丁十二番者減爲三十日則行蘇威之言也繼而開皇九年以江表初平給復十日自餘諸州竝免當年租稅十年以宇內無事益寬徭賦百姓年五十者

亭林詩集五卷

清顧炎武撰

康熙年間吴江潘氏遂初堂寫刻本

此爲顧炎武詩集最早刊本，且屬極初刷印者，殊難得。顧氏詩文集在乾隆年間入禁毁書目，印本剜缺『違礙』字句殊多，當年商務印書館印入《四部叢刊初編》者已是剜缺之本，由此可知其初印完本傳世甚罕。鈐『玉播』朱文方印及『山夫』白文方印，係清乾隆年間知名學者吴玉搢舊藏。葉面文字間有吴氏圈點批注。

版框高一八六毫米，寬一四二毫米。白口。

亭林詩集卷之一

大行哀詩 已下閼逢涒灘

神器無中墜英明乃嗣興紫蜺迎劒滅丹日御輪升
景命殷王及靈符代邸膺天威寅降鑒祖武肅丕承
采堊昭王儉盤杅象帝兢澤能回夏暍心似涉春冰
世值頹風運人多比德朋求官逢碩鼠馭將失饑鷹
細柳年年急萑苻歲歲增關門亡鐵牡路寢泄金縢
霧起昭陽鏡風搖甲觀燈已占伊水竭眞遘杞天崩
道否窮仁聖時危恨股肱哀同望帝化神想白雲乘
祕讖歸新野羣心望有仍小臣王室淚無路哭橋陵

太玄經紫蜺圍日　墨子堯舜禹湯文武之事書於竹帛鏤之金石琢之盤盂後漢書崔駰傳作杅　漢書五行志木沴金成帝元延元年正月

果見兄骨歸心悲又以喜如君節行眞古人一門內
外唯孤身出營甘旨入奉母崎嶇州里良苦辛君向
余太息此事不足言遥望天壽山猶在浮雲間長歎
未及往塵沙没中原神州已陸沉菽水難爲計豈無
李孫粟義不當人惠世無漢高帝餓殺韓王孫寧受
少年侮不感漂母恩時人未識男兒面如君安得長
貧賤讀書萬卷佐帝王傳檄一紙定四方拜埽十八
陵還歸奉高堂窮冬積陰天地閉知君唯有袁安雪

世說王悅之少厲清操爲吏部郎時鄰省有會同者遺之餅一甌辭不受曰所貴誠復小小然少來不欲當人之惠

賦得越鳥巢南枝用枝字 已下著雍困敦

微物生南國淺情繫一枝寒風羣拉沓落日羽差池

此詩爲者淮甲申乙酉間實錄可補志乘之不備

淮東三連城其北舊侯府昔時王室壞南京立新主
河上賊帥來東南費撐拄詔封四將軍分劄河淮土
侯時擁兵居千里甃安堵促觴進箏瑟堂上坎坎鼓
美人拜帳中請作便旋舞爲歡尚未畢羽檄來旁午
揚舲出廟灣欲去天威怒舉族竟生降一旦爲俘虜
傳車詣幽燕猶佩通侯組長安九門中出入黄金塢
故侯多嫌猜黄金爲禍胎白日不爾待長夜來相催
徬徨闕門前一時下霆雷法吏逢上意羅織及嬰孩
具獄阿房宫腰斬咸陽市踟躕念黄犬太息諱諸子
父子一相哭同日歸蒿里有金高北邙不得救身死
地下逢黄侯舉手相揶揄我爲天朝將爾作燕山俘

甌香館集十二卷補遺詩一卷補遺畫跋一卷附録一卷

清惲格撰　佚名批注　光緒七年刻本

惲格爲清初著名畫家，字壽平，以字行。壽平詩集先有康熙時編《南田詩鈔》五卷，刻入《毘陵六逸詩鈔》。至道光年間蔣光煦刊印《别下齋叢書》，復收入惲集。惟蔣氏在五卷原本基礎上，又益以石刻及畫幀字幅中文字，編爲古今體詩十卷，另附補遺二卷，附録一卷，題作《甌香館集》。此光緒重刻蔣本，本不足重，因有佚名墨筆批注，乃以詩帖畫卷校訂文字，價值頗高。

版框高一六四毫米，寬一一七毫米。黑口。

⊙ 甌香館集內封面

光緒七年仲冬重栞

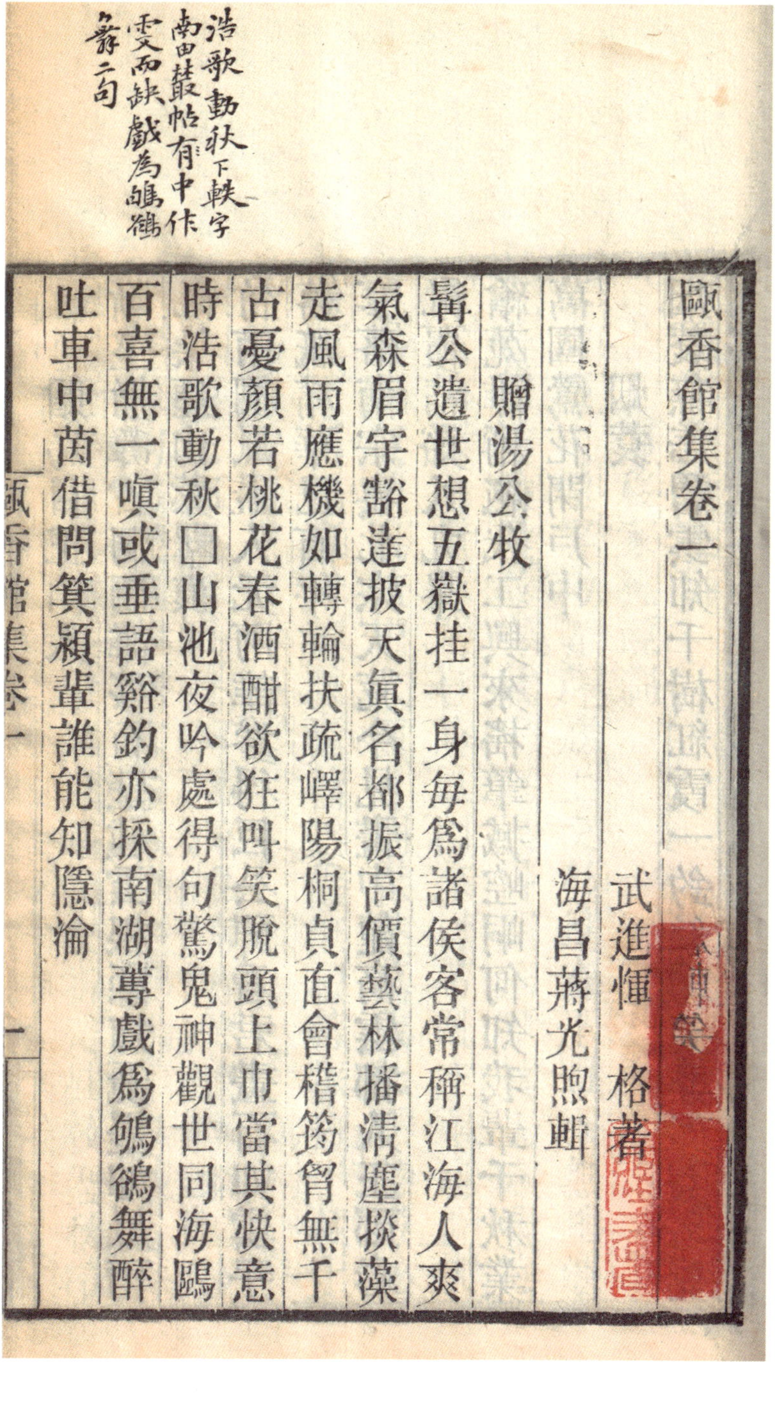
浩歌動秋下缺字
南田叢帖有中作
雯而缺戲爲鴝鵒
舞二句
甌香館集卷一
武進惲　格著
海昌蔣光煦輯
贈湯公牧
髯公遺世想五嶽挂一身每爲諸侯客常稱江海人爽
氣森眉宇豁達披天眞名都振高價藝林播淸塵擲藻
走風雨應機如轉輪扶疏嶧陽桐貞直會稽筠胷無千
古憂顏若桃花春酒酣欲狂叫笑脫頭上巾當其快意
時浩歌動秋□山池夜吟處得句驚鬼神觀世同海鷗
百喜無一嗔或垂語谿釣亦採南湖蓴戲爲鴝鵒舞醉
吐車中茵借問箕潁輩誰能知隱淪
甌香館集卷一　一

⊙ 甌香館集內文首頁

蔣氏刻此本依據南田詩鈔凡例
為謂自五卷下即採錄清歡綜評
諸帖及畫卷題詩等故五卷不免
有重見之弊而無章見於五帖
及五卷者往々題句亙長不似詩
目又多借題者蔣氏率以意
標目或截短題句以錄首數字
或竟摘原詩首二字為題如玉
熱錦瑟之類其為臆造非
南田原目可知見贗鼎是比々皆
是南田詩本多題畫或錄舊
作如題不啻為標目無題
者當仍其舊有題者亦不當
私自截減致失其真此皆蔣
者之過也於茲加考證凡五帖
所載者皆錄原題語于蔣氏
目下以糾正之他日倘排比更正
重為附梓 以還其舊日面目

深翠煙泉磵路分此中鸞鶴自爲羣不須夜泛山陰雪
半壁能藏五嶽雲 又見原畫本

墨華 清歡閣無題 又見原畫

墨華開洞泉山靈應起舞身居烟翠中夜聽千峰雨

和許九日 清歡閣原題讀九日翁詩青鬢白頭畫景最真飄揚盡致戲和其韻

曉烟橫岸樹如浮疑有寒鐘出梵樓涼合千灘雲不起
銀濤光湧萬山頭

花谿刺船歌

雲來山不遠雲盤山谿轉刺船花渚不逢人松風鳥啼
山放春

夜坐無月

石渠隨筆載南田畫册臨六如一帙跋裔柯急澗臨唐六如有此卷因倣其意亦曰山樓待風觀六如峯筆墨靈逸李唐刻畫之迹爲之一變洗其勾斫煥然神明當使南宋諸公皆拜牀下即近藏于端氏之本與此略具異同而此本題語措詞雅鄭不侔如全用渲染句及煥然神明上加一故字皆于文不順蓋係出于贋本當從石渠隨筆爲近是

下既云使南宋諸公皆拜牀下何以上有依南宋人畫法語其贋可徵矣

六如居士以超逸之筆作南宋人畫法李唐刻畫之迹爲之一變全用渲染洗其勾斫故煥然神明當使南宋諸公皆拜牀下已見原函

婁東王奉常家有華原小幀墟壑精深筆力遒拔思致極渾古然别有逸宕之氣雖至精工居然大雅

董宗伯極稱高尚書大姚村圖石谷王子又稱夜山圖得烟雲變滅之狀高彥敬畫人閒傳者不多見得從尺幅片紙想其規模漱其芳潤猶可以陶冶羣賢超乘而上

昔人論畫雪景多俗董雲間頗宗其說嘗見畫史稱營邱所作雪圖峯巒林屋皆以澹墨爲之而水天空處全

秋笳集八卷補遺一卷

清吳兆騫撰

乾隆四十一年衷白堂刻巾箱本

吳兆騫江南吳江人，一代才子，因丁酉科場案牽連，流放寧古塔，後贖歸故里。吳集在康熙年間由徐乾學初刊，雍正四年兆騫子振臣增刻其書，編爲八卷。此本即重刻吳振臣本，内封面署『錢塘吳永之重訂』，惟卷末添附補遺一卷。下書口處鐫『知止草堂校本』注記。雖巾箱小本，然字體精整，且流傳稀少，殊足珍藏。

版框高一二四毫米，寬九二毫米。黑口。

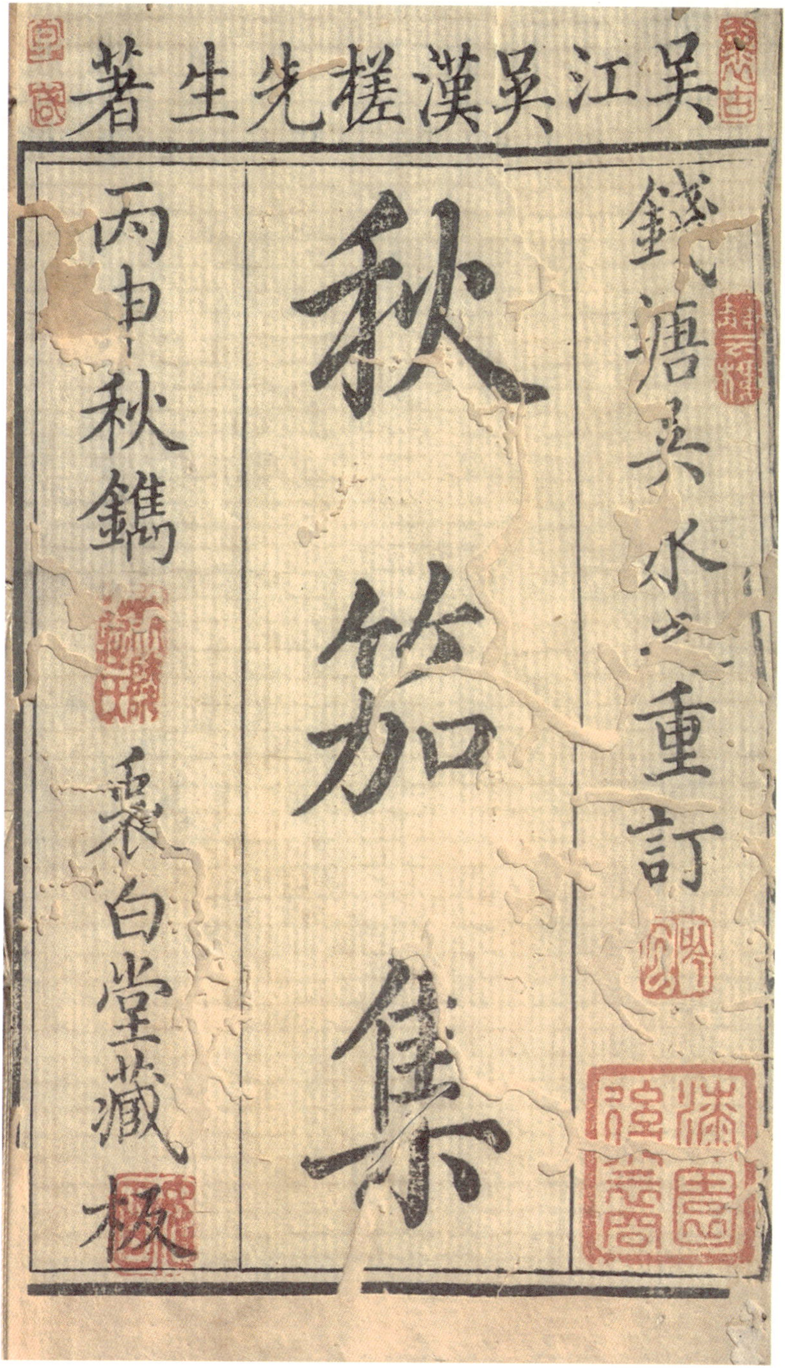

⊙秋笳集內封面

秋笳集卷一

吳江吳兆騫漢槎氏著

春賦 少作

伊寒律之代謝啓春序之繁昌望山川之淑景舒亭皐之艷陽隄灔灔而烟渺野萋萋而碧芳綠繞枝以被麗風轉蕙而承光桐華綺岫蘭葉銀塘貽粉蝶于珍卉隱綃羽于高楊惜景光之易邁念憂樂之無方撫九春而永望憶千里而增傷故雖風物同候而歡愁殊變至若長樂深宮昭陽別殿節徙百華晝餘六

李侍御枉駕因留小飲

涼秋紫塞謫官多三徑蕭條侍御過海外聞君名已久長安別後事如何且將濁酒澆胸臆莫爲悲笳廢嘯歌放逐幸同堯舜世儘捹身世老漁蓑

壽郭明府

紅蕖玉漵映晨霞百里江皐早放衙風偃訟庭聞綠綺日長仙閣有丹砂共看香令衣如繡欲問神人棗似瓜今日試聽循吏頌知君淸譽滿京華

送丁泰巖晉秩開府之任湖南二十韻

施愚山先生全集七十八卷

清施閏章撰

康熙四十七年曹氏楝亭刻本

施氏清初著名文人，詩文俱佳，而詩名尤盛。曹寅懼其詩文湮沒失傳，斥資爲之刻此全集，含《施愚山先生學餘文集》二十八卷、《施愚山先生學餘詩集》五十卷，合之共七十卷。版刻於金陵，始丁亥（康熙四十六年）五月，竣事於戊子（康熙四十七年）九月。方體字精整不苟，煌煌鉅著，完工如此之迅，亦可見金陵刻書業之興盛。

版框高一七七毫米，寬一三二毫米。白口。

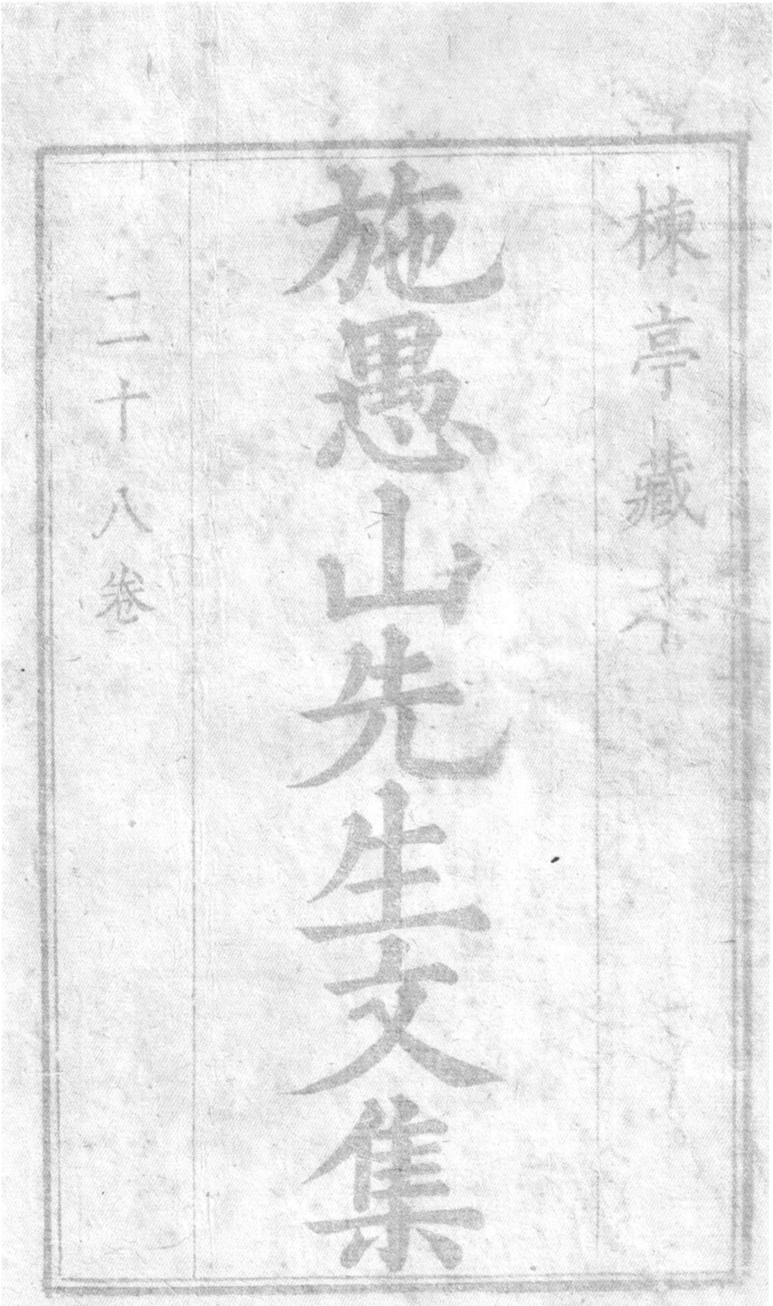
楝亭藏本

施愚山先生文集

二十八卷

⊙施愚山先生全集文集內封面

施愚山先生學餘文集卷之一

賦

璿璣玉衡賦有序

葢聞載物敷仁德莫厚於配地脣圖永祚功莫崇於敬天故上古聖皇首出夙推亶聰之哲鴻濛初剖早竭仰觀之思葢神明與造物同符而耳目與化工合撰然於穆之體以象而克彰欽若之心因器而悉察自羲軒在御分晝夜以清寧及姚唐授時定支干以甲子有虞制作久備璣衡肇詳上以齊七政之運行爛星雲於眉睫下以賚庶彙之蕃息叙人物於雍熙自非聖人

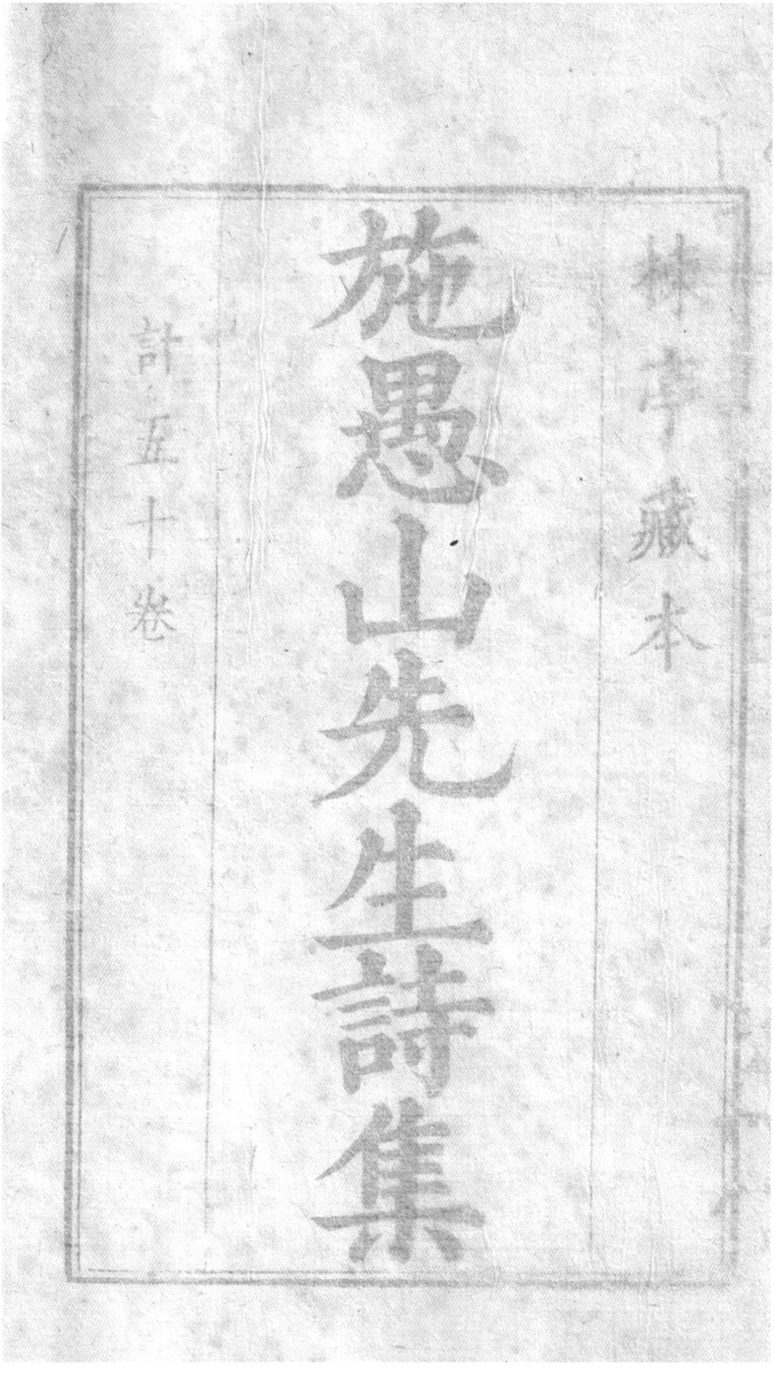

楝亭藏本

施愚山先生詩集

計五十卷

懸瓠集一卷

清丘天爵撰

康熙三十年刻本

丘氏陝西渭南人。詩篇依五言律詩、七言律詩分體編排，末附詩餘若干闋。此集刻字精整，初印，且鈐有作者印章。書絕罕見，李靈年《清人别集總目》、柯愈春《清人詩文集總目提要》俱未著錄。

版框高一七四毫米，寬一一五毫米。白口。

古譬猶青蛙鳴夜甫爾成聲已耳而復妄當其域所
謂黃犢當車未能展武懸瓠一集災梨甚矣騷壇君
子幸進而教之

旹

康熙辛未春二月渭南丘天爵季修氏書於天中汝
陽公署又新堂

懸瓠集

渭南丘天爵季修甫草

廣濟舒逢吉康伯甫閱

五言律

新春

幽齋寒已盡，掩卷對春光。簾啟山當戶，冰開鷺入塘。潛萌迎日起，弱柳受風狂。自覺皆生意，溪橋隔草堂。

元宵

懸瓠集　五言律　一

詩餘

上西樓 元宵

今宵月朗星稀且風微一片離離燈影絳紗幃 誰家玉笛金管攬春暉把酒教人沉醉夜扶歸

春光好 清明

春色麗杏垂空柳斜風紅紫參差錦繡中望難窮攜酒臨芳臨水御杯與淡與濃蝴蝶紛紛何處去上花叢

葯園詩藁二卷

清吴焯撰

康熙五十年寫刻本

吴焯字尺鳧，爲清初著名藏書家。此詩集分類編排，卷上簡端題『葯園古體詩』，卷下簡端題『葯園今體詩』。鈐『獨山莫氏銅井文房之印』朱文方印、『雙照樓』朱文橢圓印、『仁和吴昌綬伯宛父印』白文方印、『皋亭舊隱』朱文方印及『瑞軒』朱文方印諸印。知嘗入莫友芝、吴昌綬等人之手。此本寫刻精雅，而印本流傳甚稀。

版框高一八〇毫米，寬一三二毫米。黑口。

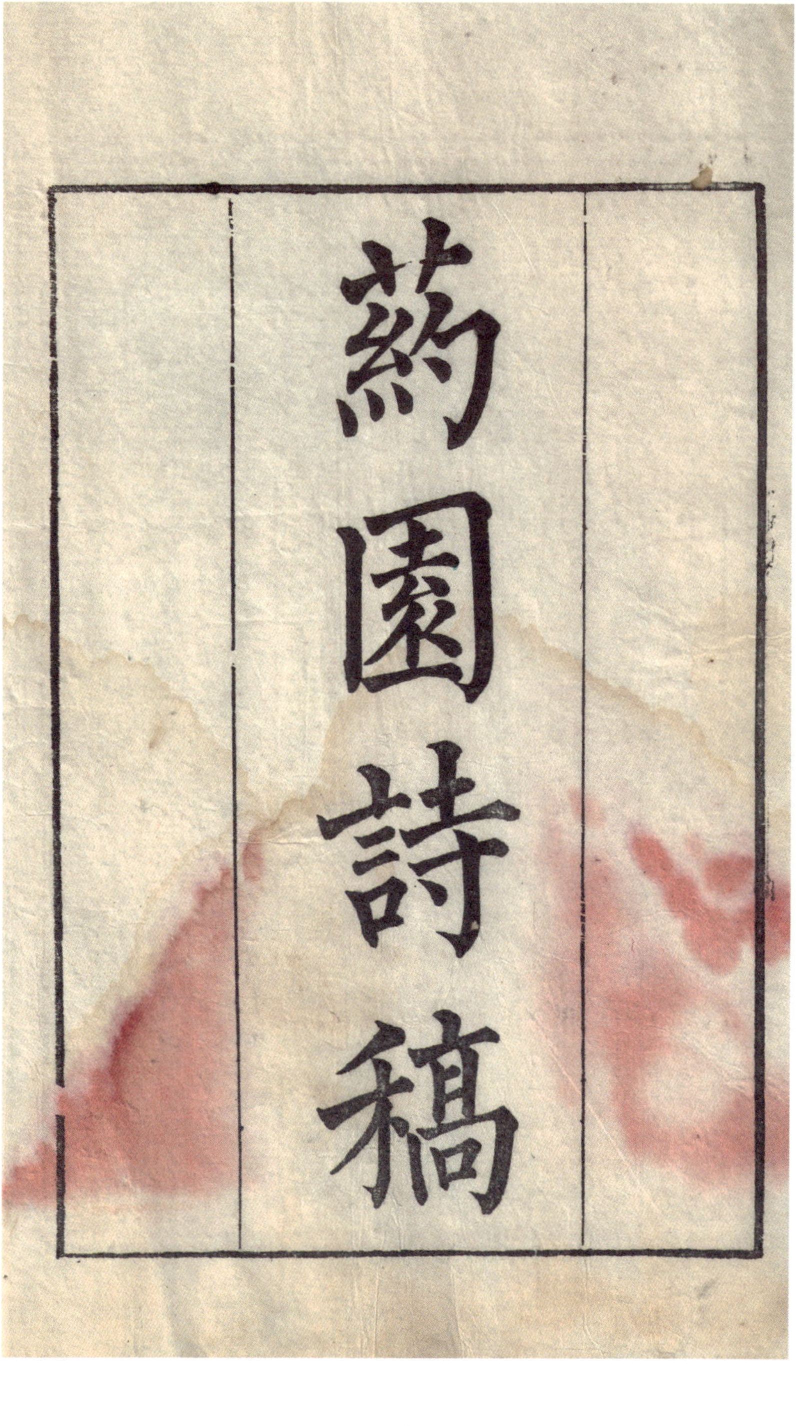

葯園詩稿

⊙葯園詩藁內封面

葯園詩藁目録　卷上

古體詩

葯園古體詩

錢唐　吳焯　尺鳧

古詩三十二首

鳥無世鳳凰人無世聖賢立志稟天地弗受造物牽日月鏡萬方萬古光完全一晝而一夜所以常推遷人備四時氣與天相周旋山岳有立德江河藏靜淵修身以立命大道無頗偏天爵吾所貴窮達任自然至人通變化學易猶假年夜光豈自耀明膏寧久煎毋使荒歲月勉旃復勉旃

御馬在奚官調鷹在獵師收縱固有道飢飽會有時驅

秋巖詩草六卷

清孔毓璣撰

康熙五十五年刻試印樣本

孔氏江蘇江陰人。此《秋巖詩草》分體編次，雖卷次業已分定，然書口處卷數仍存墨釘未鐫，應是版刻竣事前試印樣本。此本字體雕鐫精整，李靈年《清人別集總目》、柯愈春《清人詩文集總目提要》等目錄書均無著錄，傳世絕罕。

版框高一八七毫米，寬一二九毫米。白口。

秋巖詩草

豈非天之所限莫能强歟今讀先生之詩若文藻采葩流文詞飈發有兼長而無偏詘則議者固無從置喙而余向之竊窺於先生者猶自愧一時蠡測不足以量江海之大也先生行矣仕而學學而仕二者如循環之無端繼自今鳴琴清署不廢詩歌行且如岑之嘉州元之道州劉之隨州其詩將因地以傳而以碑版之鴻文紀循良之實蹟計其行笈之富必有倍蓰斯集者余雖老尚將濡筆以俟之康熙丙申十一月朔同里近庵朱廷鋐書

⊙ 秋巖詩草內文首頁

秋巖詩草

江上孔毓璣象九著

五言古詩

和陶飲酒 有序

余性不勝酒迄乎既醉與斗石計者曷異而酣適有加焉然晉人清談之禍若與酒相終始則淵明二十首雖託寄深遠非所以示訓也余故追和其韻於春花秋月巖風朔雪之外别有取焉而於淵明特疏其

澄秋書堂詩稿七卷（殘）

清潘鍾麟撰

康熙年間刻試印樣本　存三卷

作者江蘇華亭人。李靈年《清人別集總目》、柯愈春《清人詩文集總目提要》俱著録南京圖書館藏康熙刻潘氏《澄秋書堂詩稿》七卷，此三卷本應即其試印樣本。所存者爲五言排律、五言絕句、七言絕句各一卷，卷首俱鐫本卷目録，惟卷端及每頁卷次仍存墨釘待填。似此樣本絕罕見。鈐『王研堂』白文方印、『曹秉章印』白文方印、『理齋』朱文方印。

版框高一八二毫米，寬一三六毫米。白口。

澄秋書堂詩稿目録

五言排律

澄秋書堂詩稿　卷之一　五言排律　一

澄秋書堂詩稿卷之

雲間潘鍾麟層峯氏著

五言排律

西湖讌集二十韻

少小西泠別重來恰廿年烟波殊浩蕩雲樹自澄鮮葛嶺紅初放蘇堤綠未全人家山帶屋石徑艸加綿春色搖晴翠風光媚碧妍樓臺啣倒影鷗鷺點平田藻鏡長千載濤流注百川遨遊多感慨憑弔幾推遷對景疑無地乘虛欲上天月明思舊好星聚賴羣賢敢炫潘江筆同登李郭船乾坤原一室氣槩願隨肩交道今誰數文章老更傳素心期共命傲骨絕人憐盃酒酬知己琴書

澄秋書堂詩稿卷之

雲間潘鍾麟眉峯氏著

七言絕句

看釣

清溪幾曲繞孤村風逐浮雲日正昏滿眼釣徒悲落魄
更無漂母飯王孫

朱雪田自秦中歸喜賦三絕

荷風香裏憶君行隔歲歸來又薦櫻雪竇花深應識主
綠窗啼徹乳鶯聲

又

春風桃李出函關脫却征鞍夢便閒滿眼煙霞渾欲醉

懷葛堂文集十五卷

清梁份撰

康熙、雍正間隨刻隨印校樣本

梁氏生於明末，頗具遺民情懷，工古文辭，究心輿地之學而尤重實地考察，所著《西陲今略》（後人易名《秦邊紀略》），爲世所重。此本卷次、頁碼多存墨釘待填，較諸其他藏本或缺略部分篇目，乃試印時隨刻隨印，其最初印者往往如此，亦緣此而殊爲罕見。民初胡思敬刻《豫章叢書》，多方蒐討，亦終未獲睹此本。

版框高一八〇毫米，寬一三二毫米。白口。

諸名家評點

懷葛堂文集

本宅藏板

序

慈谿姜宸英譔

友人寧都魏徵君冰叔雖隱居不仕益讀書好觀古治亂之迹以逆揣其成敗得失之所以然所著書以略見其意者有左傳經世一編康熙戊午年或應詔以博學宏辭薦竟不可起有弟子梁君名份字質人徵君謂可以傳吾學者自徵君没後數年而梁子來京師出所爲懷葛堂集示余其爲文鉤貫經史包括古今以立言究其旨歸嘗嘅然有濟物之意何其

懷葛堂文集卷之

南豐梁 份質人氏著

同學諸子較

序

李鶴莊詩序

人生而孩提而成立而壯而老曰與居而最久者非兄弟乎天性之親長非盡於兄幼非始於弟乎一父之子體異而氣同一從再從爾不同而祖同也兄弟之賢智有不同而必不能曰非兄弟也猶四海之賢

芥菴詩略二卷

清俞粲撰

雍正三年刻本

作者江蘇蘇州人。該集乃桐鄉汪文桂爲俞氏三代所刊《俞氏詩言》之一部分。此本刊刻精整，初印清爽，未見著録，極其罕見。

版框高一七〇毫米，寬一三五毫米。白口。

序

夫所稱世家者豈科第之云爾哉蓋必有文章道德身立模範可信令傳後而又有副墨之子洛誦之孫各纂其言各記其事以嗣以續相承不絕南史云安平崔氏汝南應氏累葉有文才王筠七葉之中人人有集此之謂世也彼夫閥閱相高聲華是競安見細旃之上不走肉朱門之下不白丁而徒自詡曰吾世家也則其於文章道德之謂何也吳門俞

幹緜歷歲寒豈僅為泉石之光抑亦風義攸
關之正脉也既述其所以而復以受業校訂
諸兒及孫曾輩挂名篇末藉附不朽石樵數
十年来感念父兄之苦心或亦可稍慰矣夫
雍正三年乙巳月悟香居士汪文桂時年七
十有六

受業校訂汪為熹若木
繼燝倬雲
紹焻熾南

⊙ 芥菴詩略內文首頁

芥菴詩略卷上

暑夜

月出如流金灼爍滌池灣竹梢影不動驚烏飛不還蘊隆涸心腎嘘吸口鼻艱苦茶兩三壺如沃焦石頭顱墮此形軀坐久暑氣删起步高梧陰散髮虛窻間河漢夜半轉英英珠露班拾之荷花上吸之駐清顏

楓林怨

嬝嬝三尺竹汎汎清溪流牽絲作一丈錦鱗不上鈎丹橘垂秋圃霜實甘如乳採之未及期徒然食辛苦樓頭

梅花園存稿 一卷

清鍾韞撰

乾隆五十七年寫刻本

作者清初人，本籍浙江仁和，祖父爲明萬曆間名臣，後嫁海寧查氏。海寧學人吳騫在乾嘉間彙刻當地閨媛詩爲《海昌麗則》，收入此集。集中所收爲詩作，末附詩餘數闋。世稱此本爲清代寫刻本中名刻，然而流傳稀少，世不多見。

版框高一三五毫米，寬九八毫米。黑口。

⊙ 梅花園存稿內文首頁

梅花園存稿

仁和鍾韞眉令氏著

西溪山莊同胡少君方眉士積石引泉

壬午

曲塢藏茅屋層巒啼杜鵑雲木亘交蔽日午窺中天山家饒生計梅竹當田園荷耡恣遊宴投足生流連經冬長蔓草遶舍鳴寒泉澗應石磊磊藤上魚蹁蹁同時得幽興引源及堦軒鑿石初照月開徑夜生烟共傳山中叟

漁洋山人詩合集十八卷

清王士禛撰

康熙三十三年刻本

此前王氏已匯刻有《漁洋山人詩集》二十二卷、《漁洋山人續集》十六卷，此集則是對六十歲之前詩作的萃編。其後王氏復進一步精選，成《漁洋山人精華録》十卷，風行海内，影響廣泛，而此本則罕見流傳，存本甚爲寡少。目録後鐫記『男啓涑啓汸啓汧較/孫男兆鄴兆鄭兆郢仝較』。

版框高一八三毫米，寬一三七毫米。黑口。

漁洋山人詩合集卷一

新城王士禛貽上甫

古體詩

對酒

對酒歌慨慷自我屬有生共得睹太平皇帝陛下惟樂康宮府治丞相無私人諸諫官彈射姦慝咸有直聲自中丞刺史良二千石各各有廉名日南交趾皆我郡縣蠻夷君長以時稽首殿庭屬國具爲令文笥生翠來王京辇太學三老而五更遂賜民爵一級存問長老遣都吏循行大酺十日除宮刑美人曼壽百室豐盈

漁洋山人精華録十卷

清王士禛撰

康熙三十九年寫刻本

此集係王士禛託名弟子林佶等編選，實應出自王氏本人之手，《四庫提要》已指明此點。蓋『精華』云者非古人所宜自言也。林佶爲乃師手書上版，字絕精美，談清代寫刻本者無不首推此書。惟緣其名氣過盛，求之者甚衆，售價昂貴，品相完好者非余力所克辦。此本風傷較重，頗有污損，聊勝於無而已。

版框高一八六毫米，寬一四一毫米。白口。

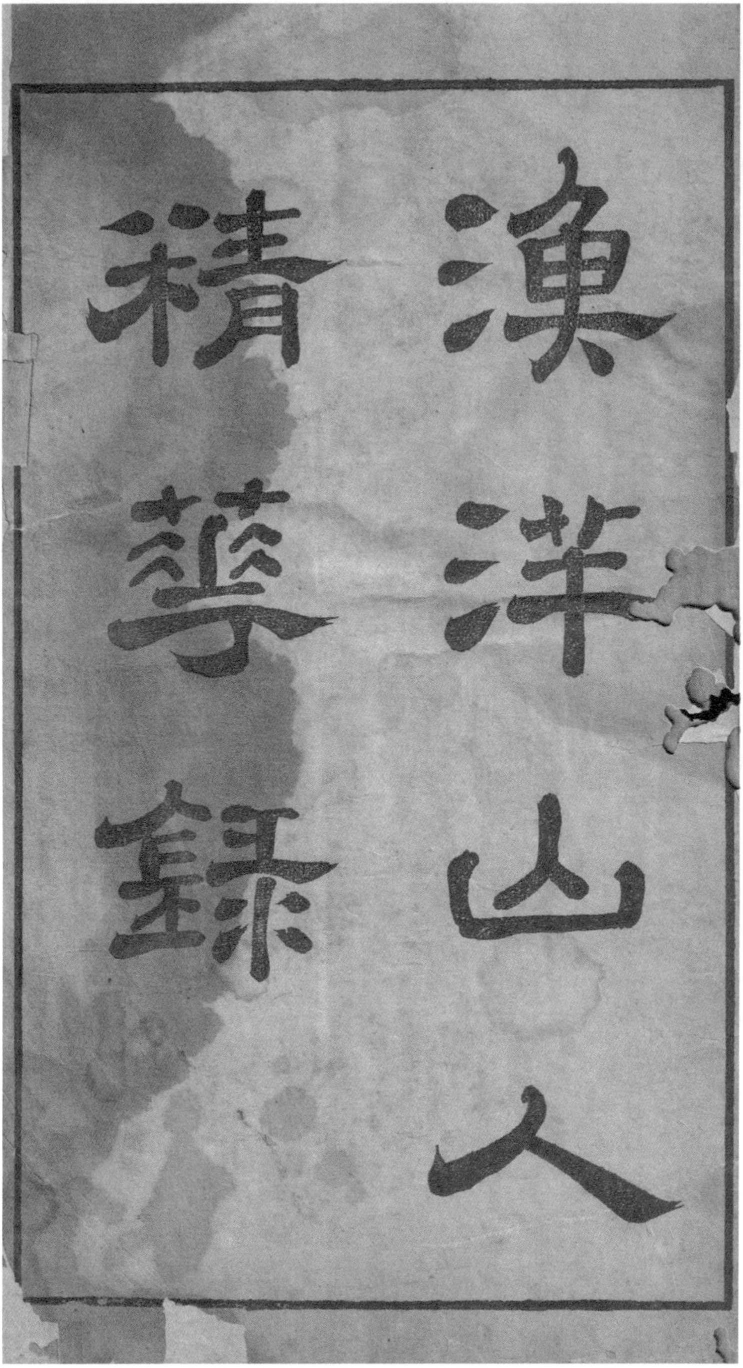
漁洋山人
精華錄

⊙漁洋山人精華錄內封面

⊙漁洋山人精華錄卷首作者小像

漁洋山人精華録卷一　　門人侯官林佶編

古體詩

對酒

對酒歌慨慷自我屬有生共得睹太平皇帝陛下惟樂康宮府治丞相無私人諸諫官彈射姦慝咸有直聲自中丞刺史良二千石各各有廉名日南交趾皆我郡縣蠻夷君長以時稽首殿庭屬國具為令文筍生翠来王京幸太學三老而五更遂賜民爵一級存問長老遣都吏循行大酺十日除宮刑美人曼壽百室豐盈

慕容垂歌 三解

慕容初入鄴已有虎狼志前驅丁零部後面鮮卑騎

漁洋山人精華録訓纂十卷附漁洋山人自撰年譜二卷漁洋山人精華録訓纂補十卷

清惠棟撰　丁晏批注　乾隆年間惠氏紅豆齋刻本

《漁洋山人精華録》原本十卷，此惠氏《訓纂》每卷俱分爲上、下二卷，實乃二十卷，書口下端鎸『紅豆齋』。雕版用普通方體字，惟所附《漁洋山人精華録訓纂補》乃倩盧見曾代爲刊刻，字係寫刻，且初印。鈐『山陽丁晏藏書』朱文方印，知屬道咸間知名學者丁晏舊藏，且書中留有丁氏大量批注，具有重要學術價值。

版框高一九一毫米，寬一四毫米。白口。

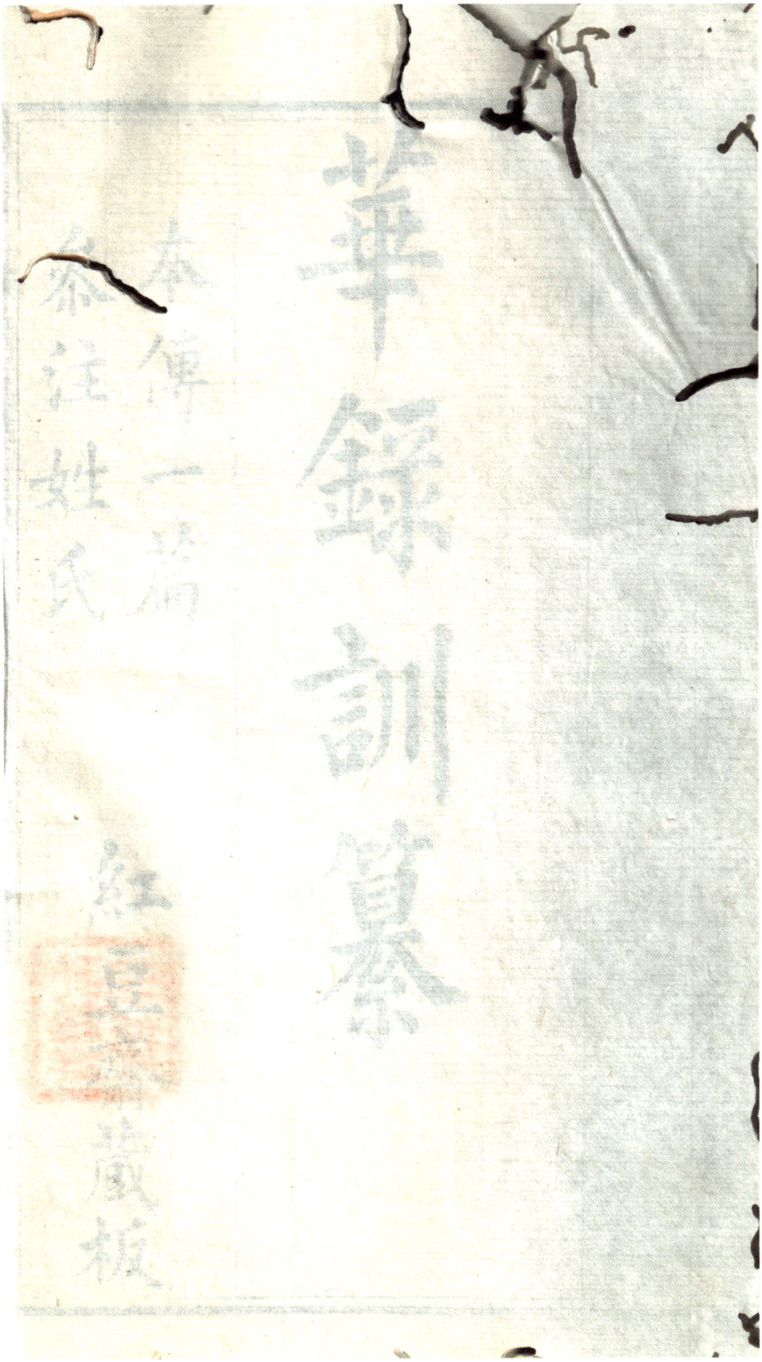
華錄訓纂
本傳一篇
參注姓氏
紅豆齋藏板

⊙漁洋山人精華錄訓纂內封面

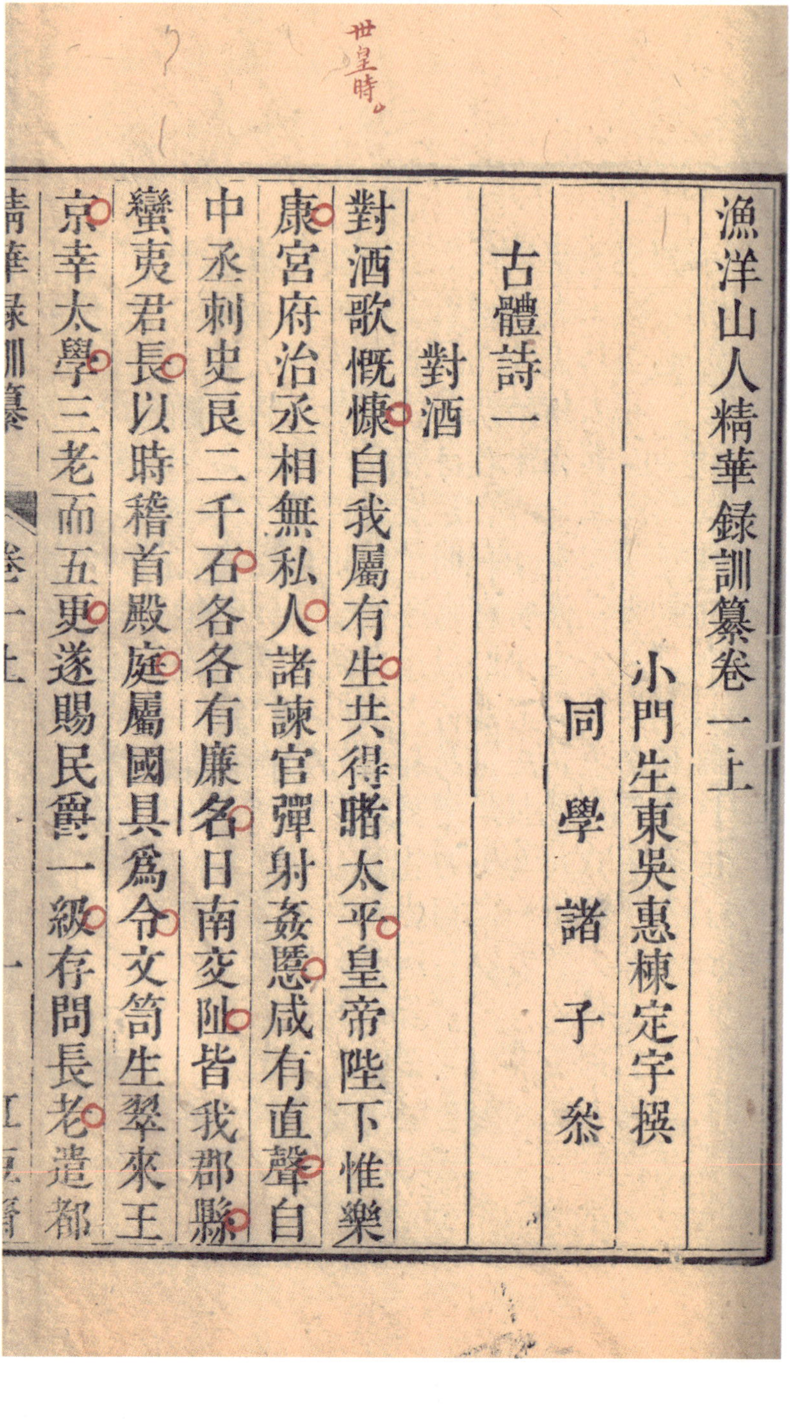

世皇時

漁洋山人精華錄訓纂卷一上

小門生東吳惠棟定宇撰
同學諸子參

古體詩一

對酒

對酒歌慨慷自我屬有生共得睹太平皇帝陛下惟樂康宮府治丞相無私人諸諫官彈射姦慝咸有直聲自中丞刺史良二千石各各有廉名日南交阯皆我郡縣蠻夷君長以時稽首殿庭屬國具爲令文筒生翠來王京幸太學三老而五更遂賜民爵一級存問長老遣都

⊙漁洋山人精華錄訓纂內文首頁

起法本子建大魏歌行

兩用已字又非韋法也

四句用三韻第二句又無韻此格未見也

又用已字也

襲前人語也

堂送方黃二子赴青州謁周侍郎

西風蕭蕭天雨霜秋高木落當重陽趨鴂先鳴蕙芳歇鴈門鴻鴈來何方今我不樂出行邁西城近對平山堂歐公風流已黃土舊遊寂寞風煙蒼喬木修竹無復在荒蕪斷隴棲牛羊劉原父蘇到日已陳迹況復清淺論滄桑京江南望流湯湯北固山高枕鐵甕蕭公旌旆何飛揚雲龍直北雲茫茫彭城戲馬啓高宴至今邊朔傳名章孤蓬驚沙振叢薄哀螢蔓草纏雷塘從來王霸已如此牛山何必霑衣裳與君並坐但鼓瑟醉倒聊復呼葛彊尊前聚散況難必羽聲變徵何激昂明朝送汝望諸

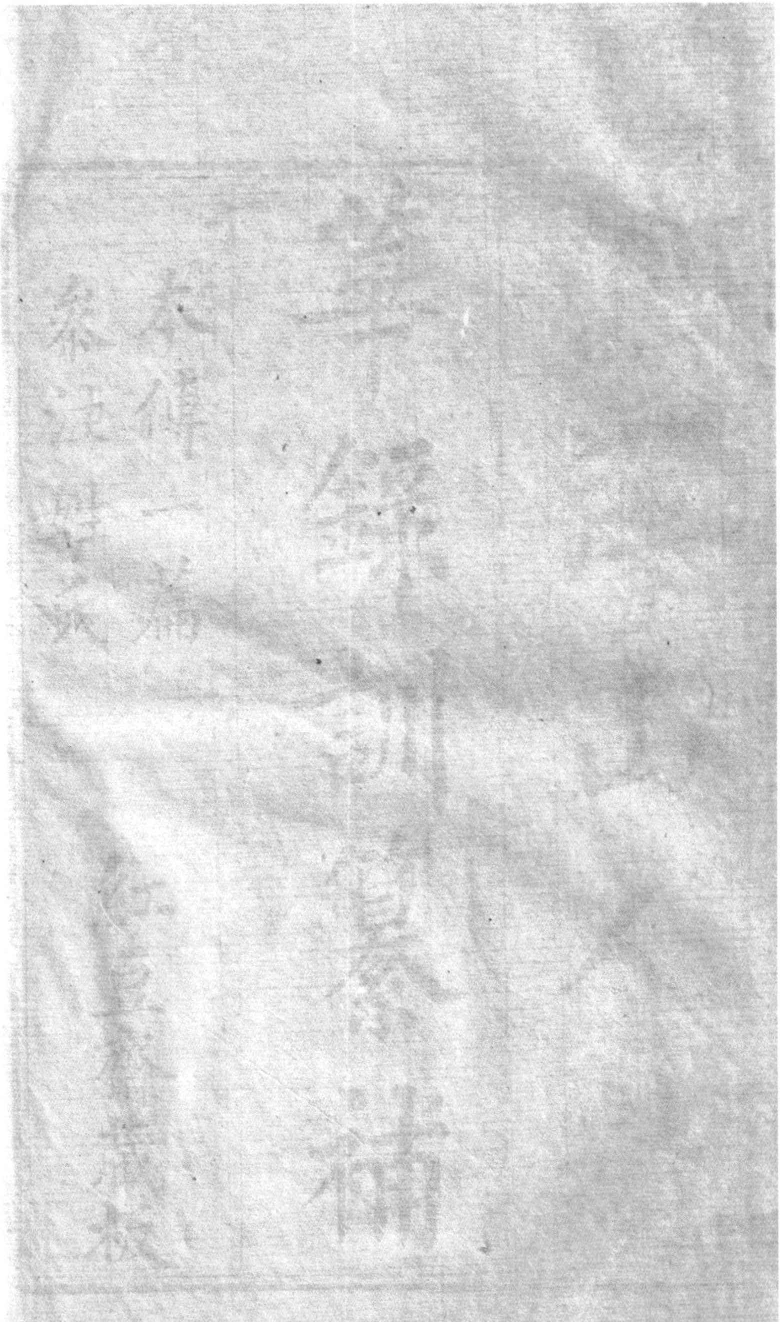

⊙漁洋山人精華錄訓纂補內封面

漁洋山人精華錄訓纂補卷一上

對酒

太平仲尼燕居論禮樂曰君子力此二者以南面而立夫是以天下太平也詩小序既醉太平也宮府治漢書淮南王安傳漢廷治師古曰朝廷皆治理也丞相無私人韓非子揚權篇大臣之門唯恐多人語云臣多人威權在之故也彈射張衡西京賦街談巷議彈射臧否仲長統昌言近世外戚宦豎立能陷人可得彈正者哉通典御史爲風霜之任彈射不法百僚震恐官之雄峻莫之比焉舊制但風聞彈事提綱而已除宮刑朱楷曰漢書景帝紀元年冬十月詔曰孝文皇帝除宮刑出美人重絕人之世也

白紵詞

清歌錯落大小珠陳伯璣國雅評云老杜每效古作此調雙趺過春山曰蘇東坡菩

東舍集二卷

清蔣景祁撰

康熙間刻本

蔣氏江蘇宜興人，康熙間舉博學宏詞未遇，擅吟詩填詞。此其詩集，分體編次，乃子開泰於其身後梓行。字體鐫刻精整，耐人吟味，今已罕覯難求。

版框高一八六毫米，寬一三七毫米。黑口。

東舍集卷一

宜興蔣景祁字京少

五言詩共二百六十首聯句一首

煙波里四首

朝投煙波灣夕宿煙波里江寒落木稀帆檣去不已
家住煙波裏不知江上愁三更好凉月商女彈箜篌
千尋白練明一道晴霞紫漁舟向晚開蕩摇煙波起
湖海同爲客偶集煙波灣相逢不相識各各道鄉關

還次黄陂感賦

鹿鹿車塵度凄然感此身黄陂一爲别白雪又先春孤

述職吟二卷

清劉秉恬撰　乾隆四十九年寫刻本

劉氏官雲南總督，於乾隆四十八、九年間入京述職，復返歸昆明衙署，是書即吟詠此番往返途中民情風物。作者稍後刻有《竹軒詩稿》十六卷，内含《述職集》，應即重刻此集，而此單行原刻之本，今已極爲罕見。鈐『乾隆御覽之寶』諸璽。又有『甲戌榜眼』、『西莊居士』以及『江標之印』、『元和江氏靈鶼閣所藏書籍記』諸印，知嘗入王鳴盛、江標書齋。

版框高一九三毫米，寬一二〇毫米。白口。

⊙ 述職吟內封面

述職吟序

國家太和翔洽衢謡巷舞寰寓
歌擊壤焉以山川則清淵也以
人物則茂美也雖封域井疆倚
毗互錯要皆沐浴於合同之化
共享

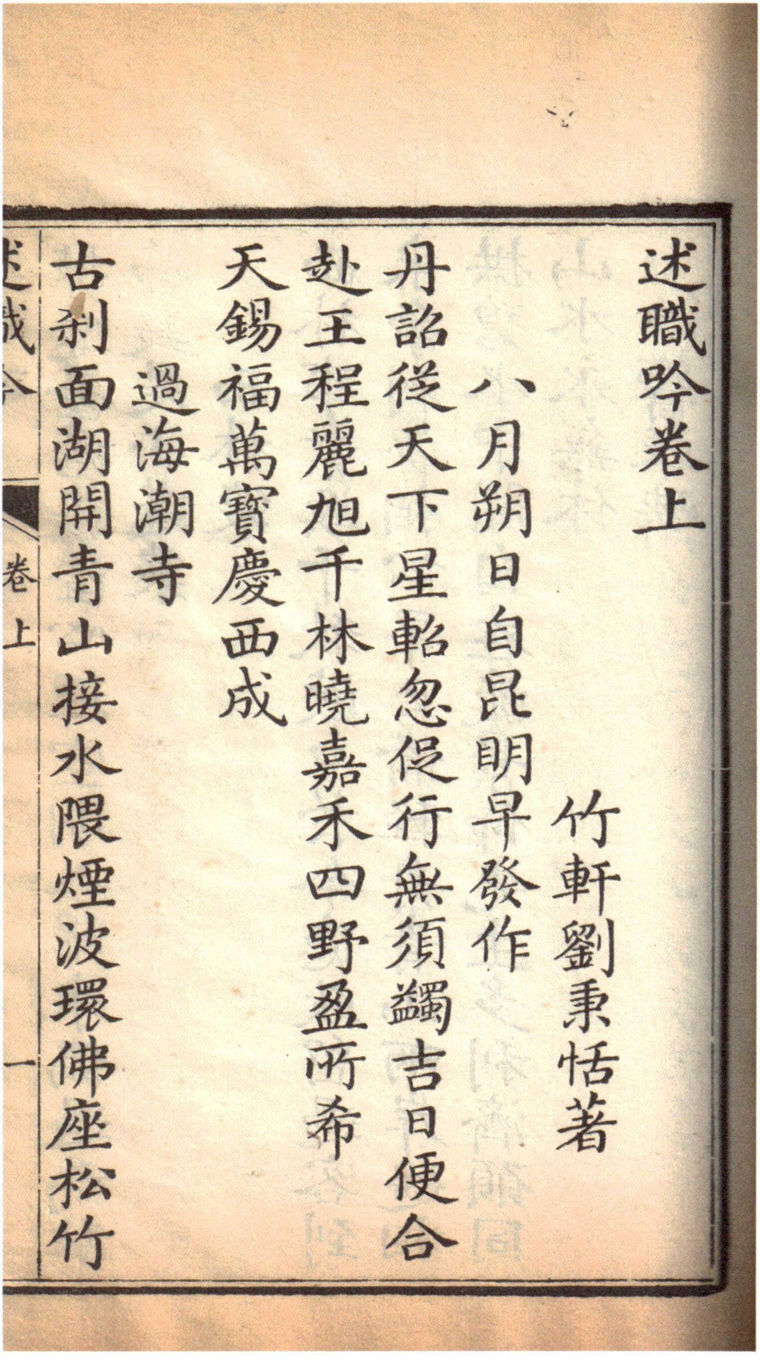

述職吟卷上

竹軒劉秉恬著

八月朔日自昆明早發作

丹詔從天下星軺忽促行無須擇吉日便合赴王程麗旭千林曉嘉禾四野盈所希天錫福萬寶慶西成

過海潮寺

古剎面湖開青山接水隈煙波環佛座松竹

述職吟　卷上　一

⊙ 述職吟內文首頁

潛研堂文集五十卷

清錢大昕撰

嘉慶十一年刻本

此集刊刻於錢大昕故世一年之後，但文章皆其手定。錢氏是清代史學考據家中第一高手，惟初亦以辭章鳴世。卷首段玉裁序稱譽其『於儒者應有之藝無弗習、無弗精』，錢氏之文乃『傳而能久，久而愈著者』，似此別集，世所罕見。諸卷卷末分別鐫記『門人袁廷檮校字』、『門人吳嘉泰校字』、『門人戈襄校字』各色字樣。

版框高一九二毫米，寬一三六毫米。白口。

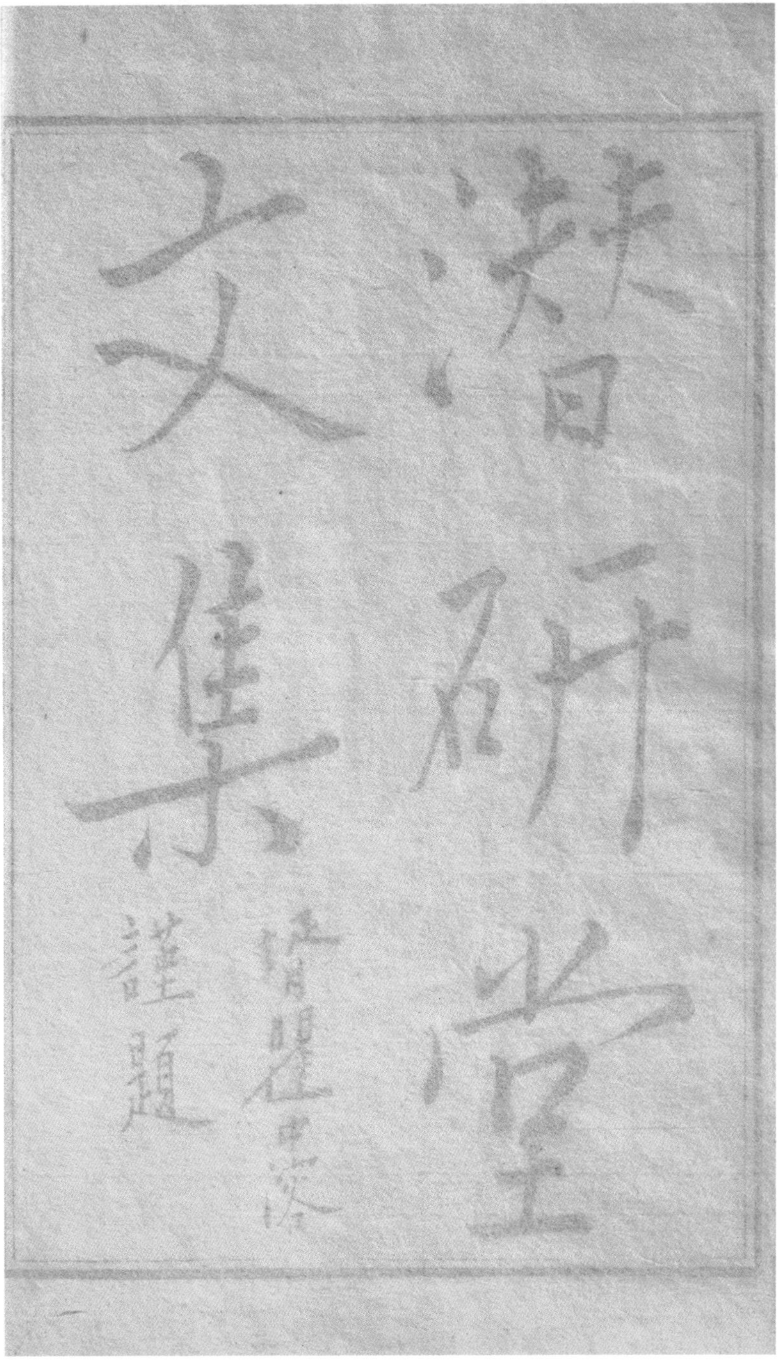
潛研堂文集
謹題

竹汀先生小象
後學陳詩庭敬寫

⊙ 潛研堂文集目錄首頁

潛研堂文集目錄

潛研堂文集卷一

嘉定錢大昕

賦

御試石韞玉賦

伊荆山之奇珍韜光華於巖隙外皎若以騰輝內温如以含澤紀瑶琨於禹貢質可配乎精鏐徵繅藉于周官禮必先以束帛懷寶五都之市元璐白珩程材六瑞之司黃琮蒼璧飄來瓊佩猶含石氣之青捧出瑛盤若帶巖間之赤追琢效玉人之技其知價重乎連城菁華標地產之奇詎識秀鍾乎盤石爾其連岡崱屴彌望孱顏

小過上云飛鳥離之已爲鶉尾也小過六爻惟初上有飛鳥之象此其義也解上云公用射隼巳上直翼翼爲羽翮有隼象也此皆可以爻辰求之者也康成初習京氏易後從馬季長授費氏易費氏有周易分野一書其爻辰之法所從出乎

潛研堂文集卷四

門人袁廷檮校字

潛研堂文集五十卷（殘）

清錢大昕撰

嘉慶十一年原刻試印樣本　存卷四至九，計六卷。

此殘本爲原書『答問』部分之一至六。錢氏《潛研堂文集》，據卷首段玉裁序，知乃作者生前手定。惟此試印樣本不僅卷次、頁碼俱存墨釘待鐫，書口下部且另鐫有貫穿諸卷之通排頁碼（正式印本均已剷去），説明書中部分內容的卷次編排是在錢氏身後確定。又諸卷卷末未見正式印本之『門人某某校字』字樣。極罕見。

版框高一八八毫米，寬一三二毫米。白口。

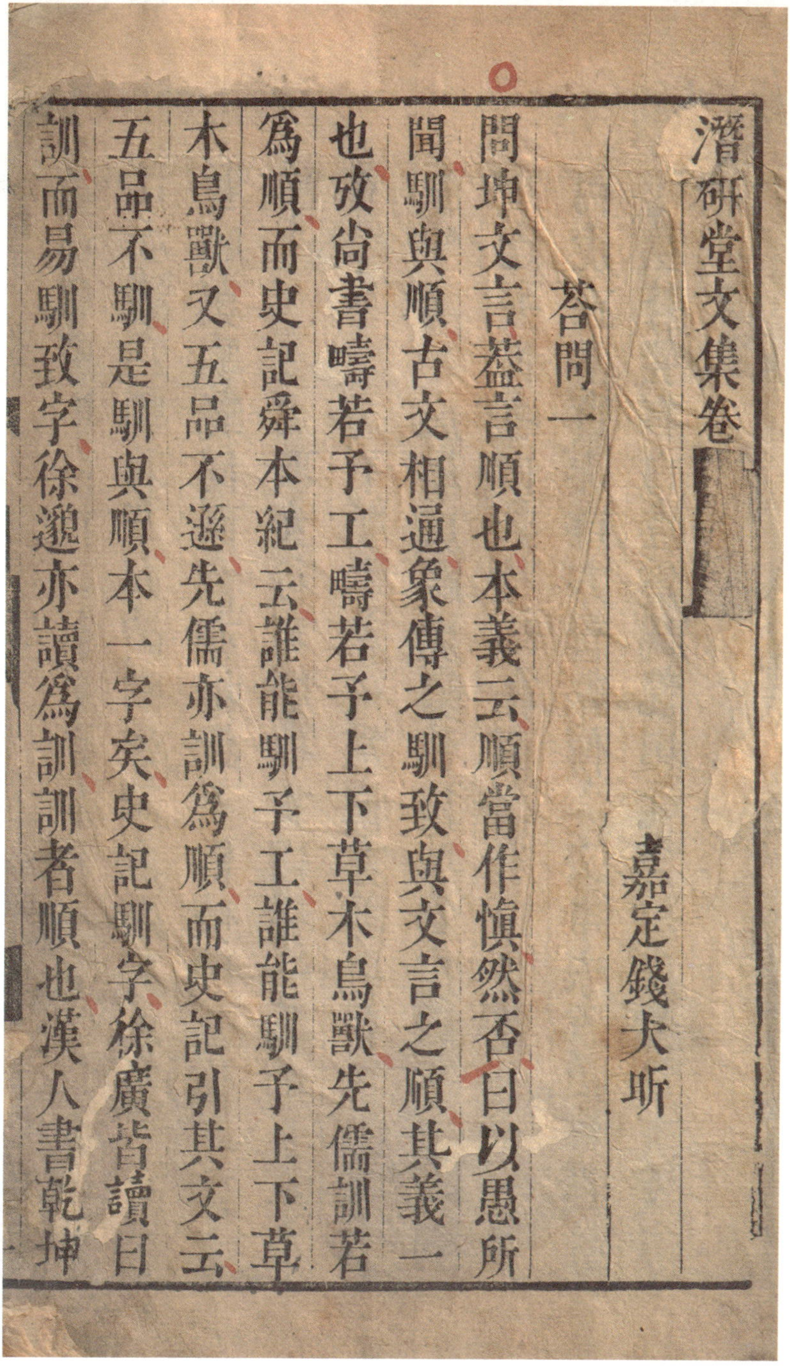

潛研堂文集卷

嘉定錢大昕

荅問一

問坤文言蓋言順也本義云順當作慎然否曰以愚所聞馴與順古文相通象傳之馴致與文言之順其義一也攷尚書疇若予工疇若予上下草木鳥獸先儒訓若爲順而史記舜本紀云誰能馴予工誰能馴予上下草木鳥獸又五品不遜先儒亦訓爲順而史記引其文云五品不馴是馴與順本一字矣史記馴字徐廣皆讀曰訓而易馴致字徐邈亦讀爲訓訓者順也漢人書乾坤

⊙潛研堂文集試印樣本內文首頁

潛研堂文集

嘉定錢大昕

荅問三

問南有喬木毛但以上竦釋喬而朱氏傳乃以無枝增成之挍釋木云小枝上繚曰喬則似非無枝者曰吳江陳啓源嘗辨之謂爾雅釋木篇凡五言喬未有言無枝者一云句如羽喬一云上句喬句者言樹枝之卷曲非無枝也一云如木楸曰喬一云槐棘醜喬楸與槐棘皆非無枝之木也一云小枝上繚爲喬此又明言有枝矣無枝之說本於蘇氏未知所據或曰爾雅小枝上繚爲

小過上六飛鳥離之已爲鶉尾也小過六爻惟初上有飛鳥之象此其義也解上六公用射隼已上直翼翼爲羽翮有隼象也此皆可以爻辰求之者也康成初習京氏易後從馬季長授費氏易費氏有周易分野一書其爻辰之法所從出乎

樊榭山房集十卷續集十卷文集八卷

清厲鶚撰

乾隆四年至四十三年間刻本

厲鶚乃康乾間詩詞名家，乾隆四年編刻《樊榭山房集》，收詩作八卷，附詞二卷，合之十卷。至乾隆十六年，續刻詩作八卷，詞及北樂府小令二卷，即《樊榭山房續集》十卷。乾隆三十一年厲鶚病逝，至四十三年，受業弟子汪沆始將厲氏手定文稿付梓，成《樊榭山房文集》八卷。此即上述諸刻合印之本，惟前後諸刻版式、行款、字體皆同。

版框高一九二毫米，寬一三五毫米。白口。

樊榭山房集

樊榭山房集卷第一

錢唐 厲鶚 太鴻

詩甲

金壽門見示所藏唐景龍觀鐘銘拓本 以下甲午

嗜古金夫子貧若龐百貨罄本爛古色不愛寒具涴便續金石録明誠不是過鐘銘最後得斑駁豈敢唾照眼三百字字蟠螭大撫迹思景雲往事去無那初翦桑條草柘袍愛朝賀笵鐘崇玉清搆炭飛廉佐九乳器未亡雄詞壓寒餓裴比李仙丹徵句迭倡和慮無奚足稱懋績於此墮吾思景鐘銘天筆濫傳播

游無門洞

陰竇絶巘景。石雨垂癡龍。白雲嬾不收。繚繞東嵓松。定僧湧壁像。海衆驚靈蹤。藤花拂又落。暝聞烟際鐘。

樊榭山房文集卷第一

錢唐厲　鶚　太鴻

授衣賦以衣被蒼生既安且燠為韻丙辰京師作

若夫泰風應律素顥遒飛目大火以次舍月西陸以揚輝驗寒氣兮總至顧時服兮無違古四人之月令授重褚之溫衣授必有所受也於焉敬天府之受衣之為言依也以是念小民之依觀其義取章身美稱在笥典枲呈材功裘告備嬪貢紀其匪頒縫人獻其歲事適百體於舒徐冀孳帋之暢遂少昊執矩法宮高拱以廉深見湯舉秋窮籥煦嫗而覆被爾乃九重有善政四海無寒鄉挾纊非可以戶給衣帛罔由其力償蟲悽悽以語月雁嚦嚦以迎霜杼響停於前戶燈影映於鄰牆井宿絲而已湅火申縉而有光刀尺耀其摻手綫縷縈此迴腸將以貯入蠶之

白雲詩鈔二卷

清黄永年撰

乾隆年間集思堂刻本

作者江西廣昌人，乾隆元年進士，官至常州知府。因與業師黄永年先生同名，特地收入書齋，並請先生撰跋，留作紀念。業師因其有《南莊類稿》八卷見於著録，疑此本或在其中，恐非完書。實則此與《南莊類稿》別是一書，且版刻精整，白紙初印，並如業師所云，今已稀見難得，自宜珍之重之。

版框高一八六毫米，寬一二九毫米。白口。

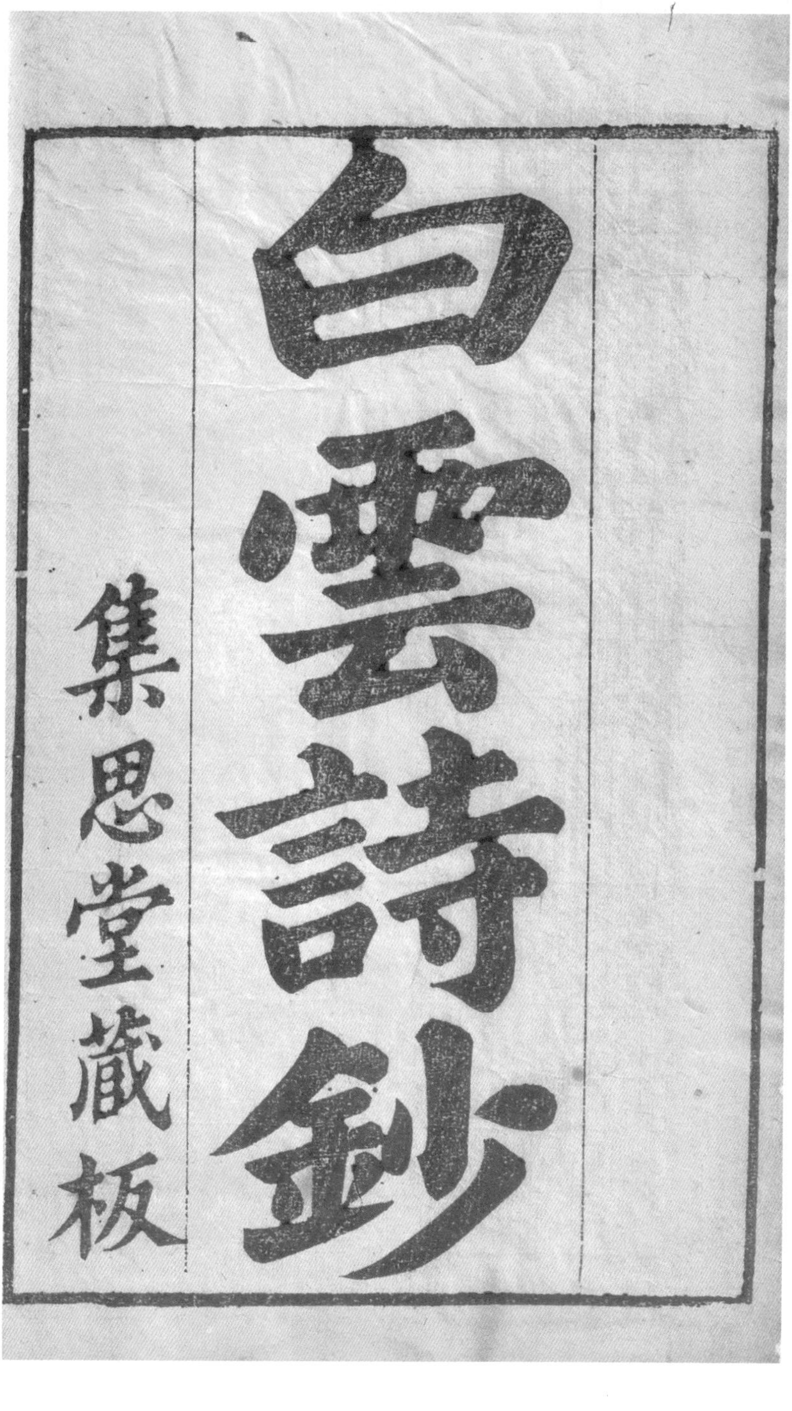

白雲詩鈔

集思堂藏板

⊙白雲詩鈔內封面

白雲詩鈔卷一

廣昌黃永年靜山著

讀史雜感 五古

天運貴三五中極涵精靈斯人感直氣冠帶出清
眞潛虬升大壑威鳥列明廷以此鎮光嶽百族享
芳馨虺詰念簡在說命乃圖形無賢世空虛所以
思榛苓篤生會有心下土眞冥冥夕夢之帝所再
拜版築星
子房報韓仇椎秦博浪沙是時秦東遊太子守京
華賢相有蒙氏國本無孽吡暴帝中椎死扶蘇可

六十年前讀賀氏經世文編知有同姓名字靜山之廣昌籍先賢且知常州府者後檢販書偶記則撰有南莊類稿乾隆十八年集思堂刻本惟訖未覓得德勇同學新得集思堂刻此君白雲詩鈔二卷恐非完書殆亦稀見難得矣己卯處暑江陰黃永年

萬卷樓詩集三卷

清蘇陳潔撰

乾隆年間刻本

作者江蘇常熟人，虞生陸政繼室，生康雍乾間，以工花鳥畫及能琴擅詩著稱。乾隆初年，池州知府山西靜樂人李某，延聘孀居的蘇氏以教其妻妾，於是捐貲爲蘇氏刻印此集。此本寫刻精雅，傳世頗罕。

版框高一七〇毫米，寬一二二毫米。白口。

萬卷樓詩集卷上

虞山女史蘇陳潔太素稿

五言古

擬古八首之二

起句突兀眼空一切

舉目何所見春草滿平蕪平蕪曠無人嶺雲自
卷舒嶺雲朝暮起春草有榮枯人生天地間桐

警策

葉露垂珠少年不富貴髮白在須臾世無安期
術搔首空躊躕

對雪亭文集十卷（殘）

清張洲撰

乾隆五十八年刻試印樣本　存卷一至五，計五卷。

作者陝西武功人，乾隆二十二年進士。據著録張氏文集全本應爲十卷，此本僅有其中部分卷次，頁碼尚未排定，書口所鎸各篇文章類别也有刻有未刻，内文亦間存墨釘，顯係最初試印的樣本，隨刻隨印，故無所謂全與不全，而極難得。鈐『小游』陰陽文方印、『佩』與『弦』陰陽文組印。

版框高一六八毫米，寬一三四毫米。白口。

對雪亭文集卷之一

武功張洲萊峰著　男樹楠校字

論　序

周官論

讀易而知所以窮變化審進退讀尚書而知所以本心法爲治法讀詩而知所以正人心美風俗讀春秋而知所以明善惡寓賞罰雖其學者智有大小詣有淺深之不同要以有益無損未見有如經解所指愚誣賊亂之失者也獨周官一書其用於政往往以病生民構禍亂至潰敗糜爛不可收拾而

魏徵論

蘇明充之論諫曰吾觀昔之臣言必從理必濟莫如唐魏鄭公其初實學縱橫之說此所謂得其術者與溯自漢唐以來以直諫特著者汲黯魏徵二人武帝太宗皆能優容而聽納之然而武帝之末海內虛耗貞觀之治百姓富庶即太宗亦自謂行仁義既效惜不令封德彝見之則皆徵直言極諫之功也他隨事進諫者無論即如十思十漸二疏其防微杜萌啟勤止怠至精且密雖孟子所云大人格君心之道何以易此汲黯懼未及焉不但得縱橫之術而已幸值勵精之主乘

刪訂諸葛忠武侯文集序

吾友王子天馥夙慕忠武侯之爲人而病其集之雜也加刪訂焉舉所爲權謀術數庸妄人所鶩傳而樂道者一切去之獨留醇正粹白之言取其有合於聖賢之指者視原集益僅存四五使讀者有以决然見其爲三代以上之儒而非後世隨時以就功名者之所可幾及則王子之用心可謂勤以切而要非具有卓識獨見則亦不能畫然而別古書之正僞也夫當漢之季世英雄並起旦夕争逐以爭尺寸之功獨侯高卧隆中必待三顧而出遇昭烈仁智之君竭忠貞之力繼之

紅豆村人詩稿十四卷

清袁樹撰

乾隆五十九年刻本

作者浙江錢塘人，惟與堂兄袁枚同樣長年寓居江寧。袁枚隨園乃曹寅江寧織造園林舊址，《紅樓夢》中大觀園即以曹家此園爲原型，而此集頗有吟詠隨園詩作。詩繫年排卷，收雍正三年（己巳）至乾隆五十九年（甲寅）作品。《甲寅元日書懷》詩有句云『詩稿從頭還自編』，知此集即編刻於乾隆五十九年。《販書偶記》正續編俱未著錄，流佈較稀。

版框高一八二毫米，寬一四五毫米。白口。

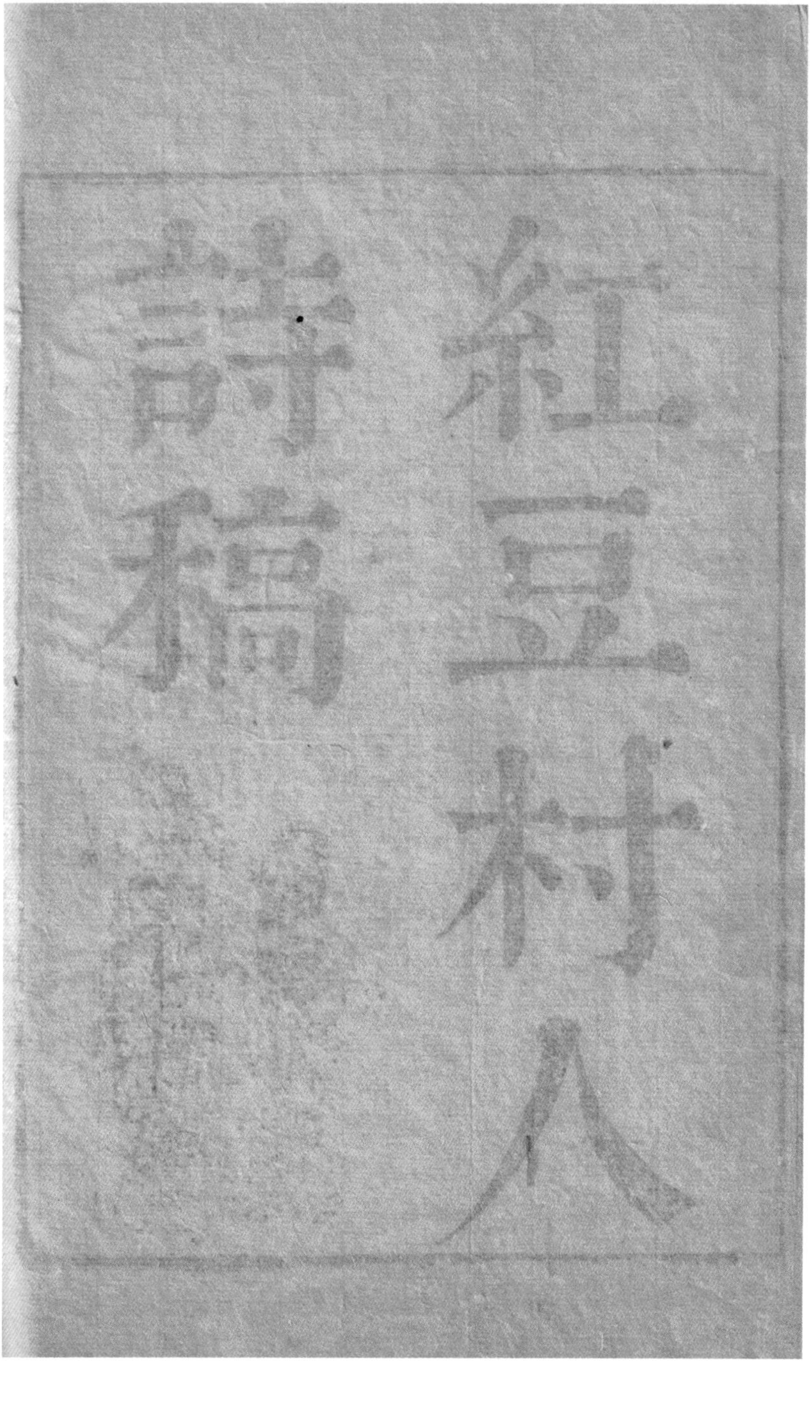

⊙紅豆村人詩稿內封面

紅豆村人詩稿

錢唐袁　樹薌亭

卷之一　己巳至癸酉

安鶴居即事呈家存齋兄

不賦彈冠賦掛冠歸來旗鼓建騷壇坐無尼父爲師少家有元方作弟難幾點雨敲疎竹暮一簾春破老梅寒畫屏山色空明裏人對斜陽正倚闌

采蓮曲

莫愁湖畔採新荷並倚蘭橈緩唱歌驚起一雙沙上鳥鴛鴦還穩睡晴波

月明河漢水明沙露滴輕容不透紗分撥荷衣雙蕩槳

竹烟小築卧新涼

歸隨園呈存齋大兄

阿閣迴廊取次成主人十載費經營最難喬木凌雲起
更愛飛泉入檻鳴積雨連朝山益靜濃陰半榻暑全清
我來小住原非偶屋舍標題舊有名
疊石分花繞綠坡深山長日細消磨書供獺祭嘗嫌少
屋似蝸旋便覺多一到動生塵外志百年亦想此中過
南山向有幽閒地待我他時補薜蘿

余家於戊寅春移居金剛寺巷今年夏始得歸省
感事言情得詩五章示屐青弟

頻年慣是爲賓客此日居然作主人眼底滄桑千種幻

栽花草 一卷

清翁霔霖撰

嘉慶二年寫刻本

作者福建莆田人，乾隆四十三年進士，嘗任四川南溪知縣，官至左春坊右庶子。此集主要吟詠翁氏仕蜀期間所栽種花卉，其詩文集雖有多種傳世，惟此書殊罕見，李靈年《清人别集總目》、柯愈春《清人詩文集總目提要》俱未著録，且寫刻精雅，雖頗有破損，余亦珍重儲之。

版框高一九二毫米，寬一二四毫米。黑口。

栽花草

莆田翁霔霖傳宗 一字筠樓

水仙花 和敬禮堂廣文韻

水宮仙界總希奇姑射生來雪作肌只有林泉供地主更無烟火汚天姿步隨曉艷凌波好影帳春寒佇月知令倩伯牙琴入伴紙窓横膝共支持

老少年 四首鳳翔書院作

羣芳漸覺困颼飀一葉銀床已報秋偶爲小園添潤色頓教大地盡風流靈脂琥珀疑齊化俗眼胭脂却費求合是長身兼壽骨櫹高

述學 三卷

清汪中撰

嘉慶間刻本

汪中文集初刻於乾隆後期，由其本人親定，含內篇三卷，外篇一卷，然而所印無多，流傳絕罕。此本爲汪中子喜孫於乃父去世之後延請劉臺拱校刻，取消內、外篇之別，統編作三卷，收文亦與汪中初刻本頗有出入。因汪喜孫對劉氏編法不滿，此本亦刷印無幾，留存於世者更爲尠少。

版框高一七〇毫米，寬一二五毫米。白口。

江都汪中撰

呂氏春秋明堂圖

圖位室明

閭之枚五

坫即

壇有三尋
十有二尺
成三

六戎邑

土埓公 倕之子天 土埓公

辰斧

東

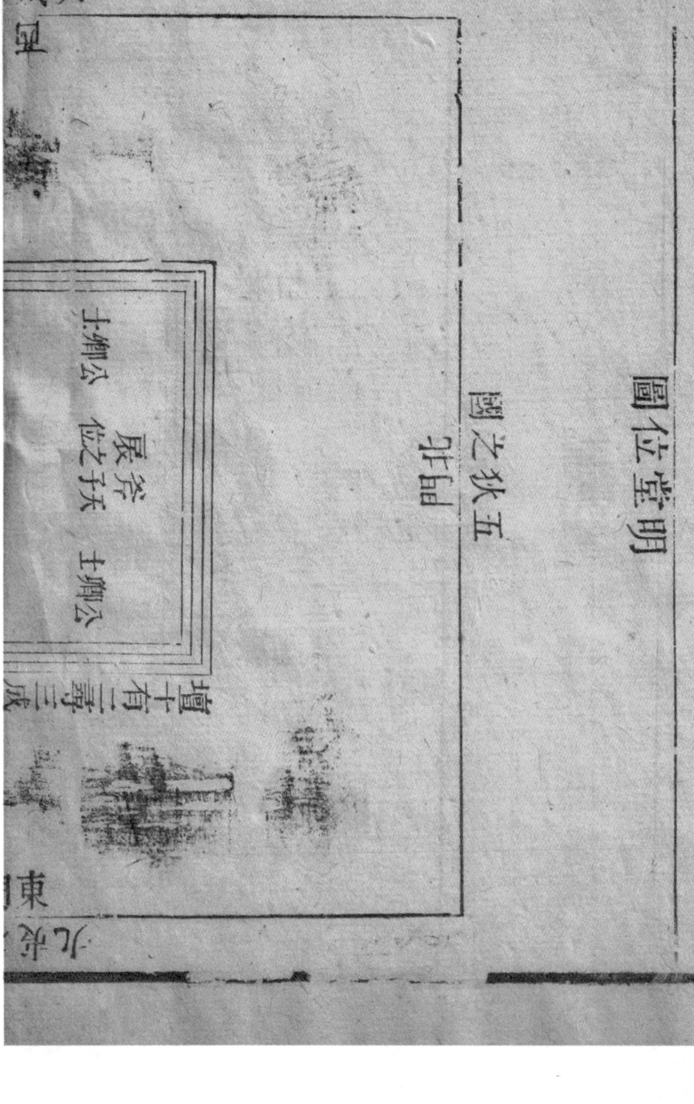

⊙ 述學卷尾末頁

昬媾匪我舊故嗒然七尺形在神奄弱息裁屬飢火方
炎致此非我哀爾無辜左挈懿筐右執方壺得之則生
失之則死藐爾一簞倏焉人鬼芒芒下土曾無可依惟
盜餔我慈母嬰兒彼盜之食於何乃得外御國門內意
窟室勇夫寢戈暴客是禦國有常刑在死不赦惟得之
艱致忘其身既澌既炊以濟路人舍之何咎救之何報
悲心內激直行無撓吁嗟予盜孰如其仁用子之道薄
夫可敦悠悠溝壑相遇以天孰爲盜者吾將託焉

述學卷之三 終

述學六卷

清汪中撰　道光三年精刻本

此本經顧廣圻勘定，由南京著名的劉文奎書坊鐫印成書。全書六卷分爲内篇三卷、外篇一卷、補遺一卷、别録一卷及附録文三篇。其附録文末篇《春秋述義》，短短不足兩頁，此本已脱落；又早印本卷首王念孫序後所鐫『江寧劉文奎子覲宸/仲高鐫』注記亦缺失未印。因非初印，書中個别文字亦遭剗削。惟似此印本今亦難得一遇，《四部叢刊初編》底本業已補足此本被剗文字，知刷印更晚。

版框高二〇〇毫米，寬一二八毫米。白口。

述學

內篇三卷　外篇一卷

補遺一卷　別錄一卷

述學者亾友汪容甫中之所作也余與容甫交垂四十年以古學相厎厲余爲訓詁文字聲音之學而容甫討論經史榷然疏發挈其綱維余拙於文詞而容甫澹雅之才跨越近代每自媿所學不若容甫之大也宦游京師索居多感婁欲南歸與故人講習志未及遂而容甫以病殁矣常憶容甫才卓識高片言隻字皆當爲世寶之欲求其遺書而未果歲在甲戌其子喜孫應禮部試以其父所譔述學已刻未刻者凡厶十厶篇索敘於余余曰此我之志也自元明以來說經者多病鑿空而矯其失者又蹈株守之陋爲文者慮龔歐曾王蘇之迹而志乎古者又貌爲奇傀而兪失其眞今讀述學內外篇可謂卓爾不羣矣其有功經義者則有若釋三九婦人無主荅問女子許嫁而壻死從死及守志議居喪釋服解義春秋述義使後之治經者振煩祛惑而得其會通其表章經傳及先儒者則有若周官徵文左氏春秋釋疑荀卿子通論賈誼新書敘使學者篤信古人而息其畔喭之習其它攷證之文皆確有依據可以傳之將來至其爲文則合漢魏晉宋作者而鑄成一家之言淵雅醇茂無意摹放而神與之合蓋

述學　內篇一

江都汪中撰

釋曟曑二文

東方七宿最明大者莫如心西方七宿最明大者莫如曑故古人多用之以紀時令夏小正五月初昏大火中八月辰則伏詩七月流火春秋傳凡土功火見而致用火中寒暑乃退火出而畢賦火出於夏爲三月於商爲四月於周爲五月火伏而後蟄者畢火猶西流國語火朝覿矣火見而清風戒寒火之初見期於司里此以心爲紀者也夏小正三月初昏曑中三月曑則伏五月曑則見八月曑中則旦詩惟曑與昴三星在天毛傳義此以曑爲紀也於文曑从晶大火爲大曟曟亦从晶竝象二星之形而曐卽从之故知曟曑之用該乎列宿矣

釋闕

天子諸侯宮城皆四周闕其南爲門城至此而闕故謂之闕春秋僖公二十一年傳鄭伯宫王於闕西辟太傅禮保傅篇過闕則下是也亦謂之闕門穀梁桓

⊙ 述學內文首頁

石笥山房文集六卷詩集四卷

清胡天游撰

嘉慶三年刻本

胡氏山陰人，雍乾間名士，學養豐厚，尤擅屬文。性豪縱，然終生未第。此本爲譚延闓舊藏，每冊書衣均有譚氏題字。開版鎸字係典型清中期浙江方體字，具有獨特美感。胡氏集後來在咸豐年間復有增刻，此本流傳相對較少。

版框高一七五毫米，寬一三五毫米。黑口。

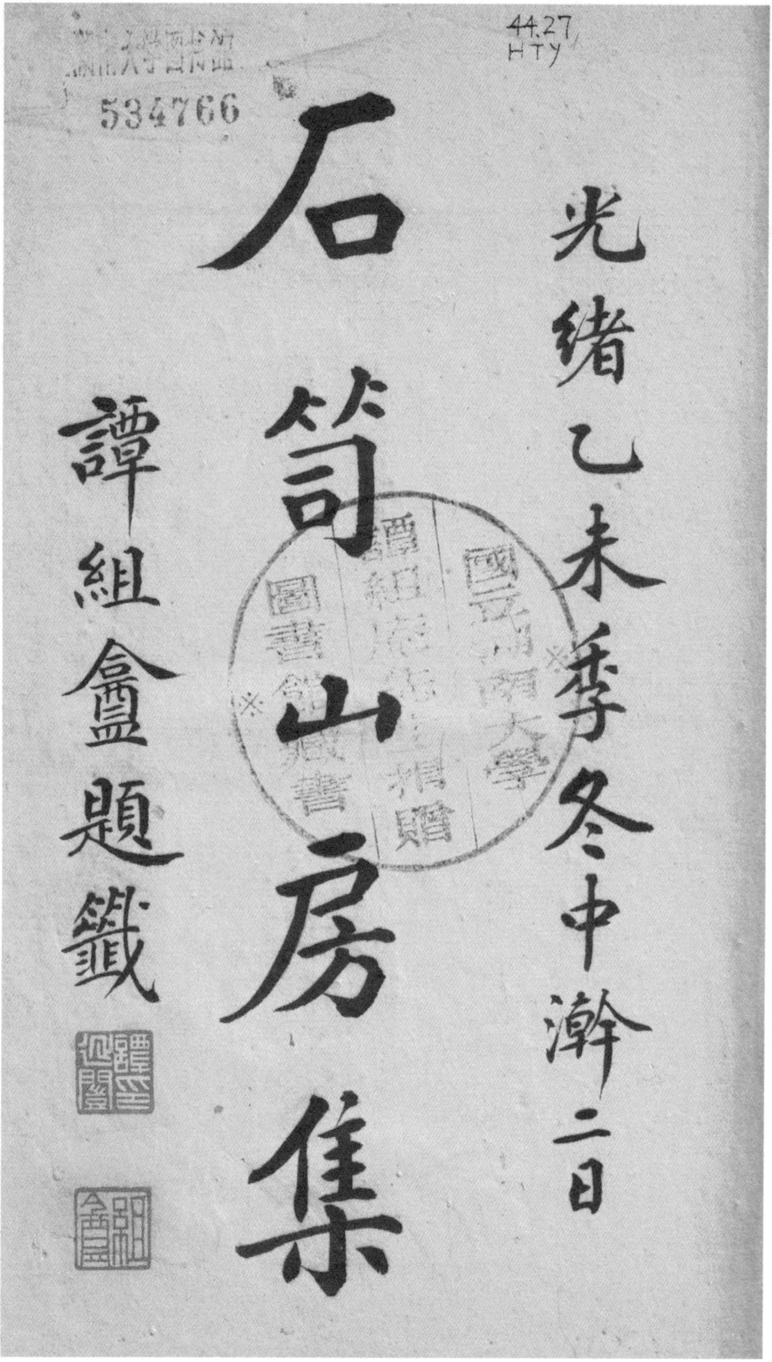

⊙ 石笥山房文集首冊看葉譚延闓題籤

石笥山房文集卷一

山陰胡天游雲持著

賦

玉芝賦

神漢元封中齋甘泉宮恭默思道萬方攸同仁化沛沛精與帝通俄焉芳飈扇乎庭金光流于楹炫爛煥郁蔚勃離陸芝房生焉突兀歊歘九莖連陛三秀羅沃洵乎嘉徵乃召方朔朔對唯唯稽首致辭願霽威色臣請賦之惟夫神草爲瑞兮苞天地之淳精含五行之鴻秀兮稟青淵之璇英旣一敷而百穗亦殊品而異名故有樊桐威喜列其號銀麟玉象標其稱閬野大霍别其產文山林屋歧其形考

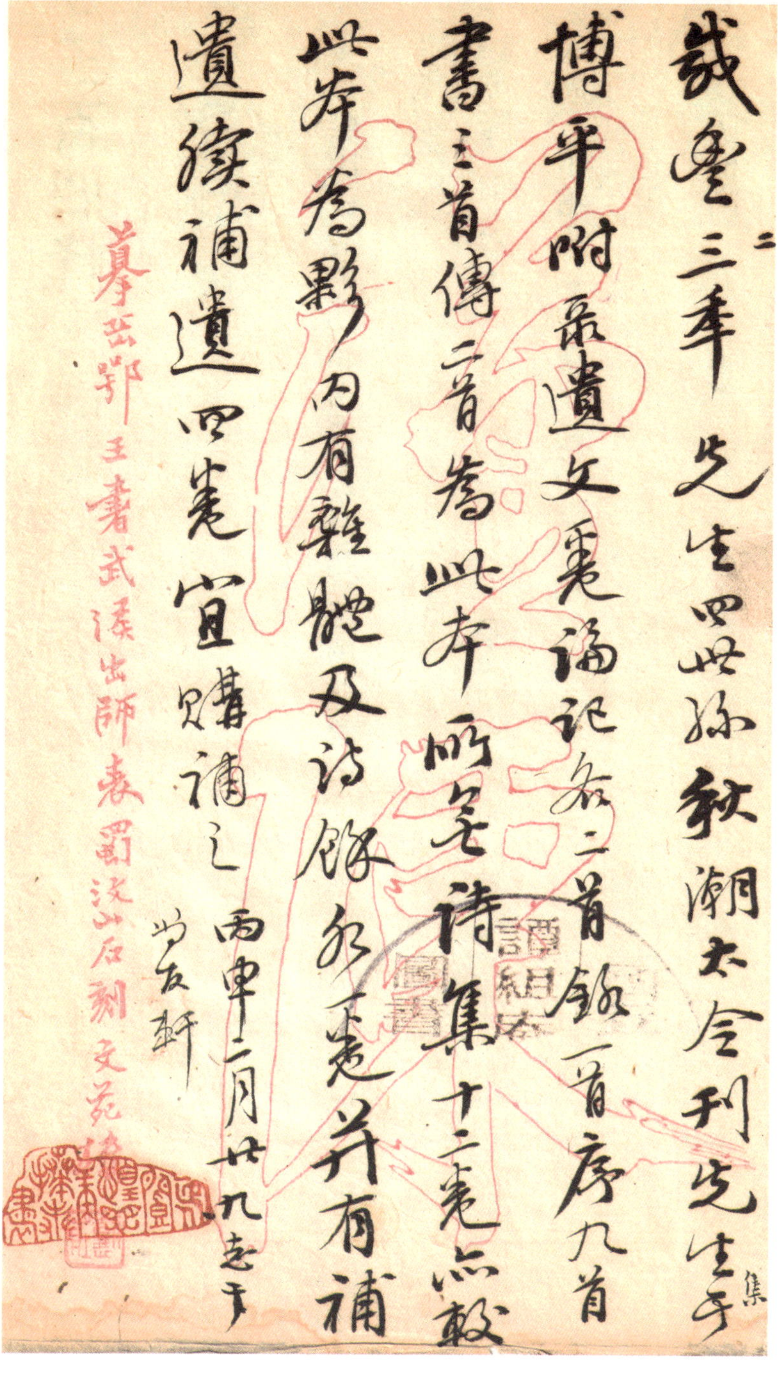
二

嘉慶三年先生四世孫欽潮太令刊先生手集

博平附录遺文弍卷論記敍二首銘一首序九首

書三首傳二首為此本所無詩集十二卷亦較

此本為夥内有雜體及詩餘弍卷并有補

遺續補遺四卷宜購補之　丙申十一月廿九燈下

尚友軒

摹岳鄂王書武溪出師表蜀汶山石刻文苑

五百四峰堂詩鈔二十五卷

清黎簡撰

嘉慶元年刻本

黎氏係清中期嶺南著名詩人，梁啓超論清代中葉以後詩家，將黎簡與鄭珍、金和並稱，推爲魁首。此集黎氏自編自印，依撰著時代先後收錄乾隆三十六年（辛卯）至六十年（乙卯）作品。黎集僅此一刻，流佈未廣，王揖唐《今傳是樓詩話》稱其書『世不多見』。余得此本尚屬初印，墨色鮮亮，字跡爽利，且爲原裝原戳，自宜珍重庋藏。

版框高一五九毫米，寬一三三毫米。黑口。

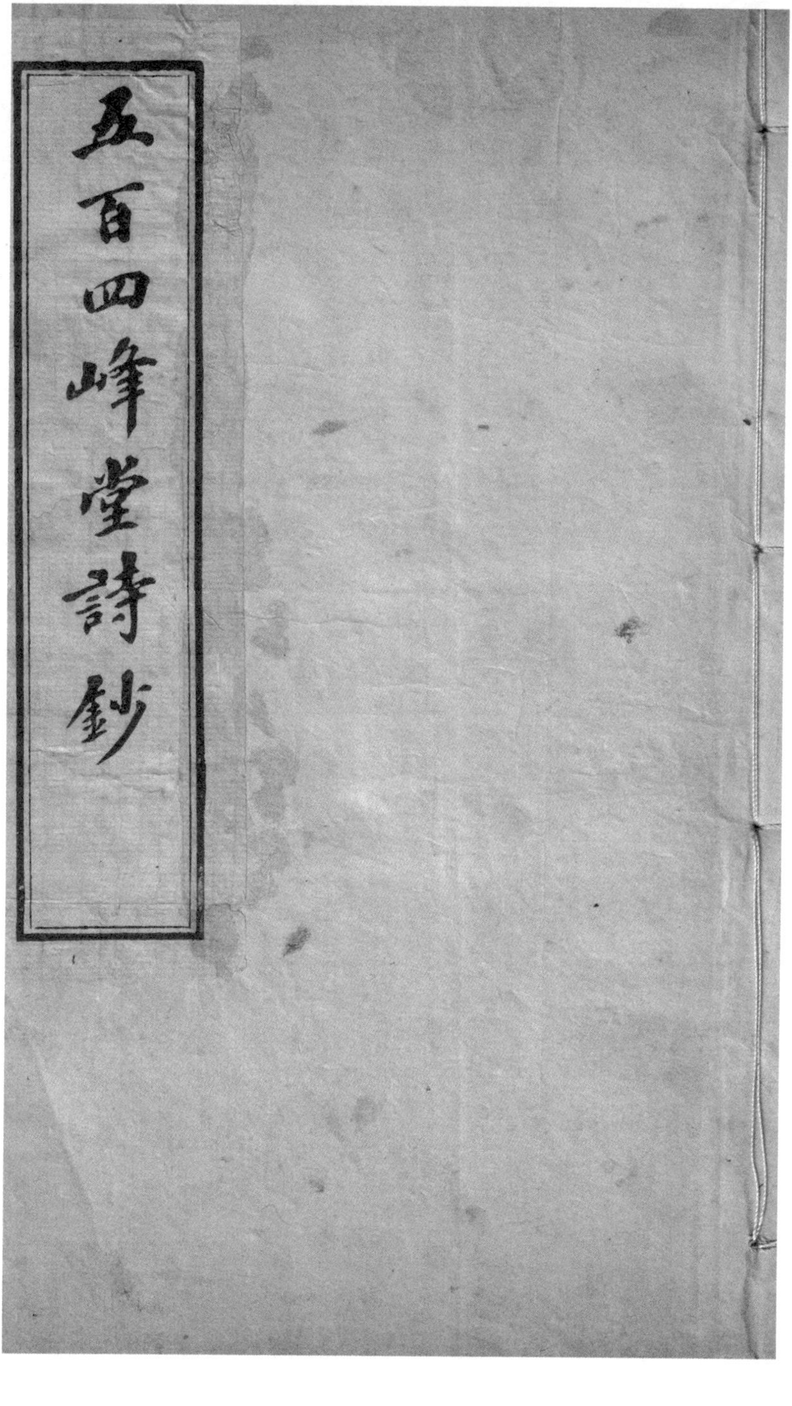
五百四峰堂詩鈔

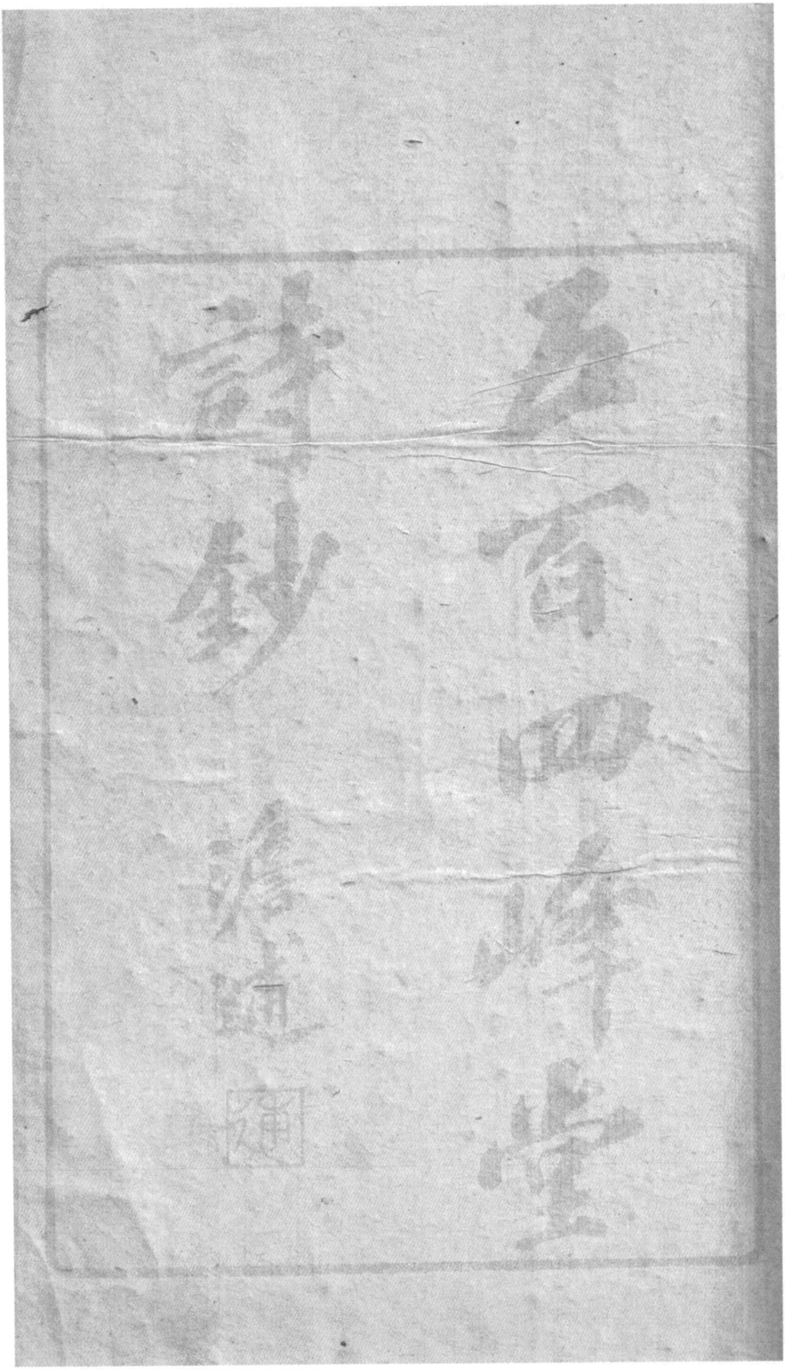
五百四峰堂詩鈔

⊙五百四峰堂詩鈔內封面

二樵道人小影

是而後非吾烏乎
知其鵠之正也哉
嘉慶元年丙辰九
月黎簡自叙

⊙ 五百四峰堂詩鈔內文首頁

五百四峯堂詩鈔 卷之一

順德黎 簡簡民撰

辛卯年

入羚羊峽寄閨人

清江連白沙秋晝如月色蒼然暮帆影涼風轉秋碧舟行入青山山青立天石峽雨去却來山飈順還遡哀狖遞雲屏清切不可極違峽已十里隱耳淒不息端州萬家夢上有孤月白是時水村夜知

琅嬛仙館詩略八卷

清阮元撰

嘉慶十三年揚州刻巾箱本

此阮元詩最初編刻本。雖然號稱由乃弟亨『編次爲八卷』，並『以小板刻於揚州，爲祠塾弟子巾箱副墨焉』，不過謙抑託詞而已，實際應由阮元自行編定，書中圈點，亦應出自元手。阮氏雖非以詩名，然於此道亦頗自矜。雖巾箱小冊，卻刊刻精整，且阮氏爲一代大儒，學壇領袖，其詩親點初印，足宜珍重庋藏。

版框高一三一毫米，寬九八毫米。白口。

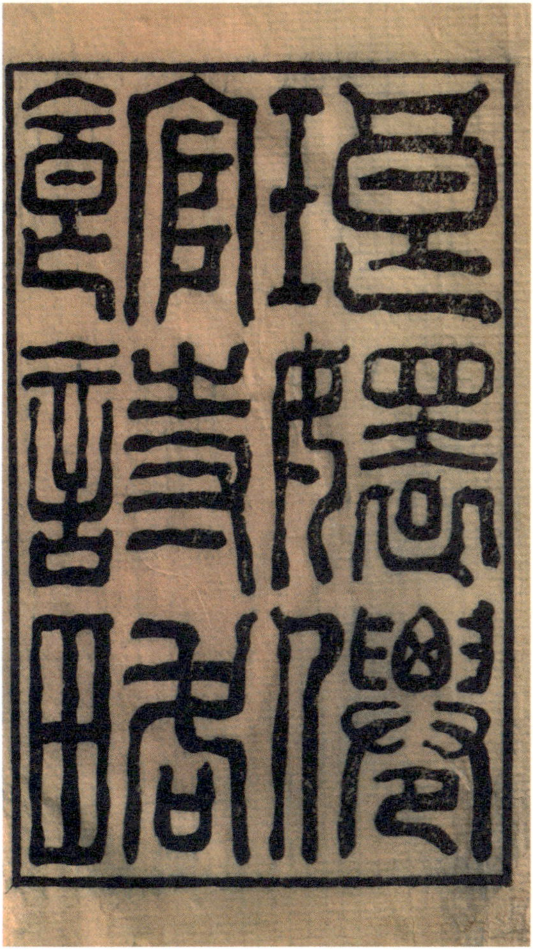

⊙琅嬛仙館詩略內封面

臨淮關阻雨

嘉慶十三年春吾兄自河南歸示亨以陳留懷古諸詩並付亨以刪存詩集稿本亨乃編次爲八卷效吳澹川南野堂式以小板刻於揚州爲祠塾弟子巾箱副墨焉吾兄幼工韻語丁內艱後遂輟筆專治經學洎入翰林始復爲詩故錄詩自詞館始從弟亨識於文選樓

⊙琅嬛仙館詩略內文首頁

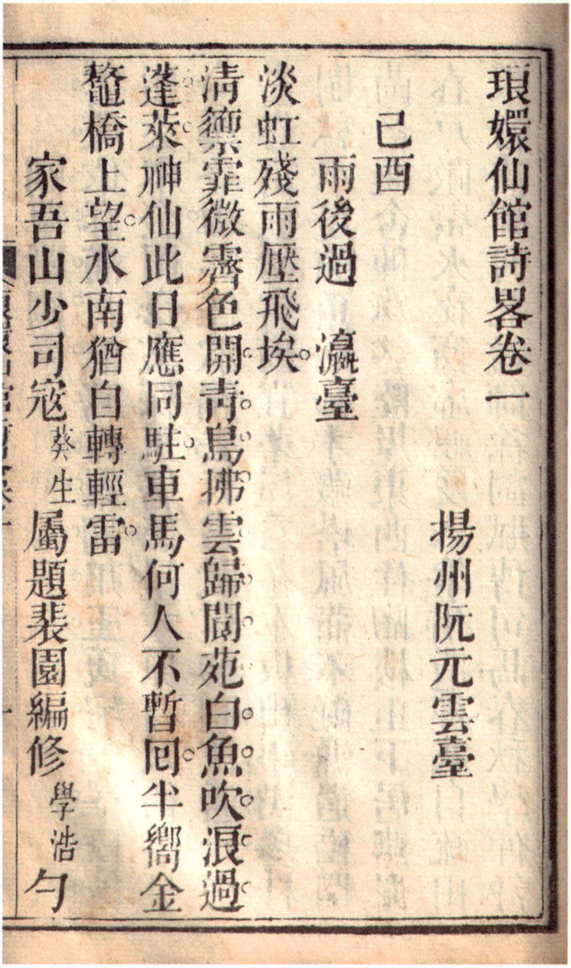
琅嬛仙館詩畧卷一

揚州阮元雲臺

己酉

雨後過　瀛臺

淡虹殘雨壓飛埃

清籞霏微霽色開青鳥拂雲歸閬苑白魚吹浪過蓬萊神仙此日應同駐車馬何人不暫回半嚮金鼇橋上望水南猶自轉輕雷

家吾山少司寇（葵生）屬題裴園編修（學浩）勺

蠟味小稾五卷

清張雲璈撰

嘉慶十二年刻本

作者乾隆三十五年舉人，歷官湖南安福（今臨澧）及湘潭知縣。此書爲張氏詩集，而除詩作外，所作尚有《選學膠言》二十卷，《四寸學》六卷（後者余亦嘗收得）。此嘉慶原刻本傳世無多，較稀見。鈐『鹽城孫氏』與『蜀丞』朱文方印，知乃民國時知書學人孫人和舊藏。

版框高一六一毫米，寬一一二毫米。白口。

蠟味小稾

沫而未能乃甘苦之共喻百年過隙半世飄蓬骨肉多形影之隔親戚罕情話之悰前生香火以翺以從今則老景侵尋書帷不展踽踽睘睘泥封苫蘚方將劃迹囂塵棲蹤隴畝專東海之一壑委大化以速朽望鴻雁於迴峰擷芷蘭於遠浦蒼波無極落月在戸而張子且拊循長養調琴娛鶴奏牛刀以耆然築畏壘而屹若佇報最而發聞終晚遷於青雲是余之可惜者無窮而兹猶足爲張子致幸也已爰類次其言以質之嘉慶丁卯初冬寶山年愚弟李保泰

蠟味小稾卷一

錢唐張雲璈仲雅

謁選得湖南安福令述懷八章

昨年襆被上長安又向黃粱夢裏看未許虎頭飛食肉豈同鼠目浪求官靜中已覺流觀熟老去重教入世難鄉國故人應念我底須相對說彈冠

半生歷祿走風塵悟徹飛花盡夙因注籍上淸原有路主生南斗竟何人竹邊已是魚嫌晚蕉下還疑鹿未眞拄笏看山空復爾相逢誰識苦吟身

寒士何曾免阿奴故吾祇恐換今吾簿書未領心

賞雨茅屋詩集八卷

清曾燠撰

嘉慶九年刻本

曾燠字賓谷，江西南城人，累官兩淮鹽運使、湖南按察使、廣東布政使、貴州巡撫諸職。曾氏詩集前後編刻多次，最後增至二十二卷。此八卷本應編刻於兩淮鹽運使任上，爲最初刻印之本。其時曾氏在揚州開題襟館，廣召賓客，賦詩酬唱，盡一時之歡。此八卷初刻本刊刻精整，存世無多。

版框高一八六毫米，寬一三六毫米。白口。

運使不異翰林曹郎時今所錄存曰賞雨茆屋詩者裁八卷葢其謹又如此昔有譏歐陽氏窮而後工之說爲未足以盡詩人余獨不然夫窮非必以貧賤也有時富貴而窮乃窮之彌甚者也賓谷雖天性工詩非必有藉乎窮要凡所以往復磨厲成就之如此何一非天之所爲併氣積力以昌之而賓谷詩亦遂行天下其詩蓬勃也如風瀰漫也如雲澎湃也如泉讀者之所見也而所有觸於石有咽乎谽谺有怒乎土囊之口者世或不具知余窮者徒也故運之又久獨操歐陽氏之說爲之序雖固窮者之諞言哉後將有慨然而得古今之變者在於是嘉慶八年十月長洲王芑孫序

賞雨茅屋詩集卷之一

盱江　曾燠　賓谷

古今體詩九十二首

初發章江

江天望不極浩浩接彭蠡窮鄉一眇躬涉世此方始朝雲卷復舒暮鴈落還起茫然信風帆怵惕靡所恃昨登滕王閣言念古先士子安方妙齡慷慨悲逝水文心一何哀鬱鬱以夭死人生不知命何處容吾趾

雜詩十五首

江河日千里上古憂滔天爲問發源去流乃涓涓鵲巢定風中蟻穴坏雨前化機恒甚微人[illegible]疎未然古事有徵

賞雨茅屋詩集卷之二

盱江　曾燠　賓谷

古今體詩六十八首

邊詞

陽春不到處萬馬雪山風此地一迴首崑崙猶極東絕幽勞鄧艾轉餉藉蕭公（蕭何稱蕭公見東都賦）誓掃邊氛淨行將西海窮

和澄齋紀遊用昌黎山石韻

二月猶見林霜微三月但有風沙飛紛紛桃李未全放欲已新緑千枝肥海棠含苞怕摧折美人遲暮見者稀城西僧寺悄無賴蛺蝶意嬾黃蜂饑劉郎何以能多情揀樹屢

有正味齋駢體文二十四卷

清吳錫麒撰

嘉慶十三年刻本

吳錫麒爲清乾嘉間駢文名家。此本刊刻精整，似此原刻初印之本，今已不易得之。

版框高一八七毫米，寬一四三毫米。黑口。

有正味齋駢體文

序

素魄示冲蛤珠取象黃鐘調奏牛鐸應聲是故以水投水易牙
辨其淄澠執柯伐柯郢人悉其甘苦穀人先生命燠弁言玆集
而燠未敢辭豈徒然哉竊惟論駢體者李唐以前無聞宋始有
王銍四六話謝伋四六談麈銍矜切合之巧伋主剪裁之工要
是兩宋規模未窺六朝閫奧津逮旣卑頹波彌甚精神盡喪面
目都非迄五百年遂無作者或殘盃冷炙觸鼻腥腐之氣或農
歌轅議刺耳俳諧之音于是文人相輕謂此壯夫不爲高語秦
漢次稱韓柳豈知秦漢傳薪實在晉宋韓柳樹幟不薄庾徐大
抵駢體之興古文尙存古文寖失駢體亦亡已夫奎壁同曜乃
云文章之府灘渙合流斯曰文章之波觀文物于朝會則黼黻
用彰感文明于咸韶則宮商必叶詎可庸臣辱命誚東里爲費

有正味齋駢體文卷一

錢塘　吳錫麒　聖徵

賦一

聖駕四詣　盛京恭謁

祖陵賦并序

皇上御極之四十有八年秋八月　車駕自灤陽啓塗詣　興京恭謁

祖陵禮也昔

聖祖仁皇帝臨御六十一年凡三舉是典及我

皇上纂承

先緒夙夜不敢康自乾隆八年修謁以來四十年中致敬思虔

既勤三駕而羹墻之慕轇乎神明至是復考舊章

有正味齋外集五卷

清吳錫麒撰

嘉慶十三年刻本

全書似均屬吳氏戲作。前三卷題『木天清課』，卷一係命題限韻之賦，卷二、卷三爲試帖詩，疑皆吳氏在翰林院時擬作；卷四爲『七十二候詩』，卷五『倣唐人詠史試帖』，俱以試帖詩形式爲之。此本原刻初印，自屬佳品。

版框高一九一毫米，寬一四二毫米。黑口。

有正味
齋外集

有正味齋外集卷一

錢塘　吳錫麒　聖徵

本天清課一

閏月定四時賦 以題爲韻

治莫大於稽天法最密於置閏察璣衡而七政以齊命羲和而四時斯順正降斜升之有算漸增衍於隋唐迎日推筴之難稽因斷始於堯舜葢自粤宛精凝圓靈象揭覩晝金夜玉之相輝識環皃輪雞之不歇大餘非所以見贏小建不容於終闕天九地十造化自運於貞元氣盈朔虛積度漸成於杪忽論初章於元首合七閏爲一十九年究實算於餘分閒一閏爲三十二月此正歲者必謹其推移而辨時者當窮其緜亘也大抵法起于元術生於贑干取圜而支取方史爲緯而經爲經有掛揲以測

有正味齋外集卷四

錢塘 吳錫麒 聖徵

七十二候詩

東風解凍

北陸辭寒晷東皇告協風一番花醞釀幾日凍消融力運吹噓裹春生浩蕩中開奩明鏡皎出手翦刀工溜放澌先活渠穿脈乍通入聞青律轉江上綠波同妙化尋無迹微和扇不窮順時申巽命首事急農功

蟄蟲始振

天意憐羣蟄春風鼓盪俱藏身何偪仄得氣在須臾股翅初知奮冰霜漸覺無人將觀變化爾亦厭泥塗惝恍醒前夢飛騰想

壹齋集二卷

清黄鉞撰

嘉慶年間刻本

作者安徽當塗人，乾隆五十五年進士。此兩卷本乃黄氏文集最初刻本，初印，頗爲罕見，李靈年《清人别集總目》、柯愈春《清人詩文集總目提要》俱未著録。黄鉞在清中期以擅長繪畫著稱，此本卷一爲賦，卷二即《二十四畫品》，後者乃仿所謂司空圖《二十四詩品》之意，『專言林壑理趣』。

版框高一八二毫米，寬一四一毫米。黑口。

壹齋集目録

當塗　黄鉞　左田

壹齋集卷一

當塗 黃鉞 左田

賦

凌歊臺賦 以宋武離宮遺臺尚在爲韻

稽故蹟于黃山剩遺臺于劉宋邀供奉之淸吟値幽尋而追諷雲房水殿昔時曾枕漣漪綠野平疇此日盡歸耕種高祖之孫厥爲孝武選勝丹陽迎涼江滸瞭萬里之長城樂三千之歌舞修眉濃黛莽窮花月之觀水鳥沙鷗盡識江山之主于是疊櫨駢栱刻鳳盤螭鏤冰綴檻截玉裝墀錦鋪繡列霧合烟離排甋瓴而欲翼砥平礙以如脂炎風退而遠避涼雲藹而常凝萬派銀濤剛送到畫棟珠簾之下漫山仙樂直吹過雞鳴月落之時憶夫臺之爲狀也炫金碧嵌玲瓏邈龍堂俯蛟宮簾波隱約簷

壹齋集卷二

當塗　黃鉞　左田

二十四畫品

昔者畫繢之事備於百工兩漢以還精於學士謝赫姚最並有書傳俱稱畫品於時山水猶未分宗止及像人肖物鉞塗抹餘閒乃仿司空表聖之例著畫品廿有四篇專言林壑理趣管蠡之見曾未得其二三後有作者爲其前驅可耳

氣韻

六法之難。氣韻爲最。意居筆先。妙在畫外。如音棲弦。如煙成靄。天風泠泠。水波濊濊。體物周流。無小無大。讀萬卷書。庶幾心會。

神妙

槃溪詩草四卷

清錢鋒撰　嘉慶十一年息園刻本

錢氏詩集，柯愈春《清人詩文集總目提要》著錄有中國科學院圖書館藏嘉慶刻六卷本，李靈年《清人别集總目》則據《販書偶記續編》著錄此四卷本，兩書俱未記有四卷本存世，因知此本傳世極罕。是集前三卷卷末俱鎸『槃溪詩草卷某終』及『姪喬雲鶴夫/閬雲鹿賓校』標識，而卷四篇末則僅留存墨版，應是待以續刻，故存世六卷本應是繼此續刻之書。

版框高一八四毫米，寬一三一毫米。白口。

嘉慶丙寅鐫

槃溪詩艸

息園藏板

⊙ 槃溪詩草內封面

槃溪詩草卷一 丙辰

古今體詩九十首

詠雪

長洲錢鋒子柔著

拂紙頻呵凍筆尖霏霏雪正壓重檐舉頭忽喜天花墜吹鬓初驚白髮添未去尋梅先得句不曾煮海已成鹽相看俱是無瑕士豈畏圍鑪酒政嚴

小閣蘆簾手自叉雙眸豁達向天涯九州頓覺十分靜萬卉先開六出花羣玉山頭高士宅水晶域裏野人家者般風味都清絕解酒何須七盌茶

自鳴鐘

⊙槃溪詩草內文首頁

筆有神教士金梭經異錦掄材鐵網獲奇珍乘驄未執
西臺簡（記名御史）買犢能安渤海民撫字陽城稱下考倦遊
潘岳樂天倫書生報　國鴻文麗孝子承歡旨酒醇臣
志未終兒志補詩囊雖富宦囊貧門前桃李文兼武（文探花劉鳳誥武狀元邱飛虎皆公所得士）
膝下孫曾鳳與麟古瑟瑤琴風調
雅晨星碩果士林遵玉棺遽赴修文會赤幟誰扶大雅
輪十載從遊如夢幻不才曾是受知人

來鵲山房詩集三卷

清張炳撰

嘉慶九年精刻本

張炳字芑塘，浙江錢塘人，乾隆五十四年進士，嘗官閩中。全書頁碼通排，書口鐫作『來鵲山房詩集』。惟此集實際分作三卷，分別題爲『吟楓小草』、『京口集』和『笥江集』。柯愈春《清人詩文集總目提要》著錄張氏此集，僅有浙江圖書館藏二卷鈔本，此三卷刻本則未見著錄，傳佈甚罕，且字跡灑脫，白紙初印，殊難得。

版框高一七八毫米，寬一二七毫米。白口。

言者再傳而至覆醬瓿亦可悲矣僕少好篇咏以習舉子業不克肆力其間追服官後又碌碌於簿書錢穀所謂一行作吏此事便廢也嘉慶甲子秋鳳苞鳳韶兩兒檢拾殘篋中短章斷帙并摭近作彙為

吟楓小草

錢塘張炳　芑塘

春仲偕陳子端友沈子笠人遊龍門山

居閒讀書樂性拙見山喜游侶有故人龍門隔一水沿溪曲折行花木散紅紫芒角忽嶄然山骨聳而崎水聲流鏘鏘兩峯合抱起復又盤山行歷巘亘數里風從樹杪来震蕩神先靡陰木蔭其巔幽草繚其趾衆賓咸欲休瀹茗云即此

京口集

錢塘 張炳 芑塘

十三門將臺懷古

郭外長江水接流孫曹曾此握軍籌十三門啟囊沙策百萬兵如聚米謀故壘蕭蕭臨北顧空臺隱隱鎮南洲于今刁斗無聲起但覺霜風滿戍樓

潤城遠眺

小謨觴館集十三卷

清彭兆蓀撰

嘉慶十一年揚州刻本

彭兆蓀江蘇鎮洋人，博學多識，然屢試不第。此集含《小謨觴館詩集》八卷、《詩餘附錄》一卷、《小謨觴館文集》四卷。內封面鐫『嘉慶十一年刊於韓江寓舍』，『韓江』即邗江，亦即揚州所臨邗溝，其時彭氏應客居兩淮鹽運使曾燠幕下。此本刊刻精整，今亦難得一遇。

版框高一八三毫米，寬一三一毫米。白口。

小謨觴館集

古今體詩八卷　詩餘一卷

賦序書記碑銘雜文四卷

嘉慶十一年刊於韓江寓舍

古企喻歌鷂子經天飛群雀兩向波

小謨觴館詩集卷弟一

鎭洋　彭兆蓀　湘涵

樓煩集 辛丑迄丁未 山西通志周王會圖有樓煩國戰國屬趙唐置寧武軍

山右寧武古樓煩地西極河湟北鄰火篩瓦剌諸部雁門三邊之一也兆蓀象勺之年家君作宰十稔於茲朔代燕雲還往如織當夫霜月白夜古情鬱霞黃麈酒酣銅斗歌作輒銜其山川學爲賦詠刪十存一戢戢已多雖操觚率爾而以志少時鴻爪爲勅勒繼聲朔管霜笳觀者其有星心月口之思乎乾隆丁未陽月上澣甘亭居士書於樓煩官舍之獲古堂

企喻歌二首 辛丑 郭茂倩樂府解題古今樂錄有企喻等歌三十六曲

男兒一墮地鷂子飛向天身是射生手不求舉力田

小謨觴館文集卷第一

賦

鎮洋　彭兆蓀　湘涵

五臺山賦

伃中區以遐矚睇孱顏而聊浪海浮鼇而棲聖嶽作鎮而奠方誇五城於鴻烈紀三百於蒙莊二韭石宗四明玉堂九巙九曲七榻七籍是皆振靈鵠出嗥陽集松偓韜琳琨紛總總以轇轕尭難得而具詳曾何若蘊真萃異迸屬車而演大乘若代北之清涼原夫五臺之爲山也左鄰恒嶽右接天池逾三萬仞而標峻廓五百里以爲基雁門檮界而承踵飛狐嵂岏以分支葢雲中上黨固天下之脊而茲山之巃崛崔崒乃更什伯而過之是以孕煙霧障娥羲橫臨朔

小謨觴館續集五卷

清彭兆蓀撰

嘉慶二十二年婁東城南草堂刻本

前此嘉慶十一年刊《小謨觴館集》時，彭氏已聲言僅屬『初集』，故編刻續集乃預定之事。此續集含《小謨觴館詩續集》二卷、《小謨觴館詩餘附録》一卷、《小謨觴館文續集》二卷。此本版式、字體俱與前此正集相同。兩書並儲，亦一幸事。

版框高一七四毫米，寬一二七毫米。白口。

嘉慶二十二年刊

小謨觴館續集

古今體詩二卷　詩餘附

序書記碑銘雜文二卷

婁東城南草堂

小謨觴館詩續集卷第一

鎮洋　彭兆蓀　湘涵

胡香海郡司馬森以其友人所寫煮茗圖索題丁卯

廿年空學相如賦不得金莖一杯露蟻邱乞徧道旁漿瑤草春山陽煙霧世味年來似紗薄便飲頭綱亦奚樂鳳團拌負縷金花恨負樵青舊僮約何人手支折脚鐺薜蘿靜掩衡門清蟹眼魚眼細細生側耳笑聽吹瓶笙百沸定作飀飂鳴江湖卻感風波夢一樣松濤海雨聲

明晉府寧化王琴歌曾都轉席間見此

我昔驅車晉陽郡明祖諸孫故宮燼金牀玉几委道旁遺琴乃見寧化王淮南伍被飛章起國勢當時幾遷徙卽看奇變在塤篪那有和聲到宮徵螳螂捕蟬競相逐轆轉殺機騰骨

小謨觴館詩餘附錄

鎮洋　彭兆蓀　湘涵

臺城路春夜讀手山少年游詞悄然感均塡此解和之

露華如水天如洗六街蓮漏遙聽酒重黏衫花低壓帽巷窄猧兒未醒玉羅窗靜恰待燼蘭缸向支匳鏡傳語呼茶小紅鸚鵡隔簾應　年年江湖泛梗有傷心影事腸斷誰省一樣淸游依然俊侶換了少年情性肩峯煙冷指珠斗闌干斜斜整整半晌魂消畫樓殘月影

謁金門巢松齋中秋海棠忽發重臺繪端棠圖索題

燕支勻染雙笑黎渦痕茜莫道秋紅春色淺西風簾自捲六曲屏山雲黯一角蠣牆煙斂只有幽花心事嬾盈盈低露眼

小謨觴館集注十六卷

清孫元培撰

道光五年刻本

孫氏緣彭兆蓀詩文『麗事屬偶，既富且僻』，故爲之做注。此書但有孫氏針對具體詞語所施注釋，不列彭氏原文。内含《小謨觴館詩集注》八卷（附《詩餘附録注》）、《小謨觴館文集注》四卷、《小謨觴館詩續集注》二卷（附《詩餘附録注》）、《小謨觴館文續集注》二卷。刊刻精整，印本無多，殊罕見。

版框高一八二毫米，寬一二七毫米。白口。

小謨觴館集注十六卷

小謨觴館詩文集注跋

婁東彭甘亭徵士篤學工文詞閎博奧衍其所著小謨觴館詩文集久爲海內所膾炙通人碩士胥無異辭顧其隸事屬偶既富且僻弇淺學子有未易津逮者徵士嘗假館下齋不鄙微陋時許請益而從弟元培兒子長熙復于昕夕捧襼承教啓迪之際所得滋多綴輯編摩浸以成袠此于徵士文辭誠不足爲輕重顧予私心勿獲自已吾友顧君澗蘋于徵士爲執友逝者之慼弗忘于懷允爲勘謬正譌兼敘其事茲特紀其刊梓所自始云道光五年歲在乙酉立秋後三日遂初居士孫均記

小謨觴館詩集注卷一

錢唐孫元培仝姪長熙纂輯

北炴集 辛丑迄丁未

山西通志周王會圖有樓煩國戰國屬趙唐置寧武軍　國朝雍正三年改爲府領縣四　許慎說文解字湟水出金城羌塞外東入河　明史孝宗紀宏治十三年火篩寇大同明史外國列傳瓦剌亦蒙古部落在韃靼西　明徐綬新置寧武關記山西瀕塞要害之關三雁門偏頭及新置寧武是也　杜甫夜詩白夜月休弦江淹恨賦鬱青霞之奇意南史曹景宗傳逐麞數肋射之渴飲其血　孟郊送淡公詩手拍銅斗歌　文心雕龍辨騷吟諷者銜其山川　韓愈贈崔立之詩戢戢已多如東筍　蘇軾澠池懷舊詩人生到處眞何似好似飛鴻踏雪泥泥上偶然留指爪鴻飛那復計東西　北齊書神武帝紀使斛律金唱敕勒歌自和之　孟郊聞角詩已開孤月口能說落星心

企喻歌二首 辛丑

看雲山房詩草二卷

清折遇蘭撰

嘉慶十七年折氏看雲山房刻本

作者山西陽曲人，乾隆二十五年進士，官揭陽知縣。此本流佈不廣，世所稀見。

版框高一七二毫米，寬一一二毫米。白口。

⊙ 看雲山房詩草內封面

嘉慶壬申年新鐫

折霽山詩稿

看雲山房藏板

余自適籍始學爲詩庚辰入隴右從德州宋掌泉莆田鄭蘭陔兩先生遊得聞其緒論乃有詩數百首然散漫不收拾存者甚少庚寅仕楚解官後與江都李兩邨畢展赤陽湖奚鶴溪白下黃星巖同里申鐵蟾諸君子聯泠香之社又有詩百餘首癸巳於洞庭舟次汰存之秦楚間詩共得一百九十首有奇還山以來日以舉業課生徒無復向時倡和之勝故可存絶少丙申復取舊本重加删定附以近作如干首以便

看雲山房詩草 上卷

陽曲折遇蘭霽山著

擬獨漉篇

獨漉獨漉水深没踝水深猶可泥深難籏明月在天

照見河心中有魚龍窈然而深濁河雖渾泥不能淆

潛龍雖蟠魚不能驕百川趨東遇海而入烈士撫膺

待時而立我懷江漢對酒興歌及今不濟老將奈何

磊磊澗中石

友蘭夫人遺稿一卷

清友蘭夫人撰

約嘉道間刻本

撰人姓氏不詳。薄薄小冊，僅十一番。惟印本傳世甚罕，李靈年《清人別集總目》、柯愈春《清人詩文集總目提要》俱未著錄。

版框高一五〇毫米，寬九五毫米。白口。

友蘭夫人遺稿

友蘭夫人遺稿

寄蓮友妹

秋深鴻雁滿關河一棹吳江起夕波花發江村新覓句人來畫舫待徵歌月明野店濤砧急風掃荒城落葉多爲問都門舊知己故園情緒近如何

蘇小小墓

忝破繁華是夢痕西泠橋畔弔花魂嘶殘楊柳青驄騎香冷枇杷白板門玉骨深埋芳草碧荒邱空對暮烟昏豔情綺思消磨盡坏土依然歷刼存

正月六日西湖偶成

歐可詩鈔十五卷

清龔鉽撰

道光年間刻本

龔鉽字歐可，一作漚舸，江西南昌人，諸生。其書各卷分題《樂府詩鈔》等。此本卷首目録作三十六卷，惟記明卷十五及卷十七以下二十卷待梓，故業已梓行者惟卷一至十四及卷十六，計十五卷。鈐『苦雨齋藏書印』朱文方印，乃周作人舊藏。

版框高一七四毫米，寬一一九毫米。白口。

⊙歐可詩鈔內封面

樂府詩鈔卷一

南昌龔　鉽季適甫著
舒　普仲溥
徐炬元玉書　校梓

結客少年塲行

平生負高志氣與青雲齊遥遥望長安馳驟誇輪蹄五陵貴公子艷我輕與肥黃金絡騕褭白玉雕月題握手共傾倒豈復嗟嶮巇天風不長號屋烏方夜啼千樽亦易散一劍羞羈棲攬鏡悲星霜惻惻餘清淒

兩當軒詩鈔十四卷竹眠詞鈔二卷

清黃景仁撰

道光十三年廣州重刻本

黃景仁爲清中期著名詩人，其集先有嘉慶四年趙希璜書帶草堂刻本較爲流行，此即重刻書帶草堂本而略有增補。此本字體爲典型清中期廣州方體字，刊刻精整，白紙初印，流佈不甚廣泛。鈐『苾厂藏書』朱文長方印。

版框高一八三毫米，寬一四五毫米。黑口。

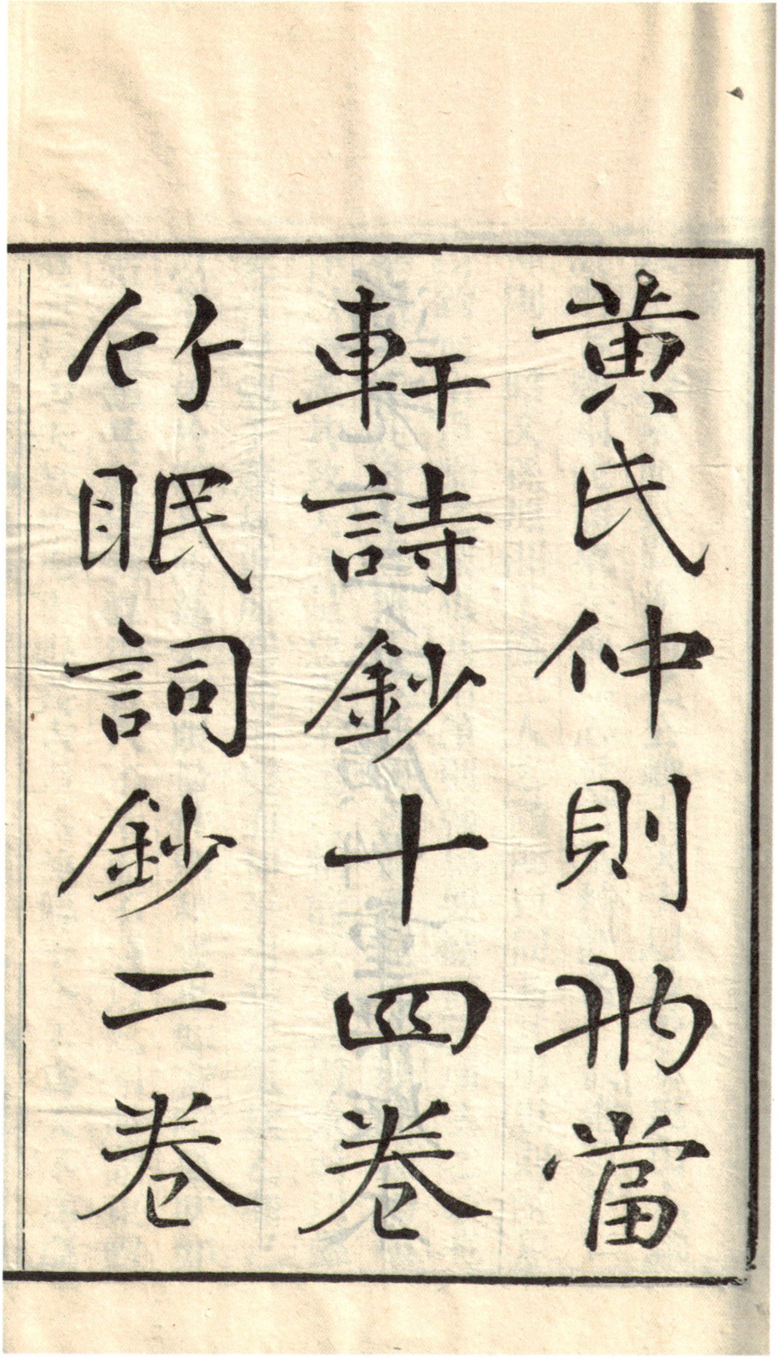

黃氏仲則兩當
軒詩鈔十四卷
竹眠詞鈔二卷

⊙兩當軒詩鈔內封面

道光十三年廣州重栞版本

兩當軒詩鈔卷一

武進　黃景仁著　　順德黎兆棠校刊

初春 癸未年起

未覺氈爐煖旋懷柏酒新池臺平入夜原野渺含春物外欣然意風前現在身中宵感幽夢冰雪尙嶙峋

舟中詠懷

旦發極清曠夕眺俄幽亘沙迷歸浣蹤葉積返樵徑白水寒較明昏霧薄將凝動搖虛舟賞迢越滄洲興同調間巖岑秦越罕投贈長歌闋以再傾耳誰與應殊悲生事薄聊覺野情勝中宵風鶴聲淒肅彌孤聽

清明步城東有懷邵大仲遊

⊙ 兩當軒詩鈔內文首頁

邃雅堂集十卷（殘）

清姚文田撰

道光元年江陰學使署刻試印樣本　存卷一至四，計四卷。

作者嘉慶四年狀元，官至禮部尚書。該集梓行於江蘇學政任上，時編刻爲十卷，而此本僅有前四卷。蓋最初試印樣本，故頁碼處俱存墨釘，以待編定序次。此等樣本，乃隨刻隨印，本無所謂全與不全者，較諸勘定全本更爲珍貴，且至爲難得。鈐『南州書樓藏書』長方藍印，乃民國時期廣州著名藏書家徐紹棨舊藏之本。

版框高一九四毫米，寬一三二毫米。白口。

⊙ 邃雅堂集內文首頁

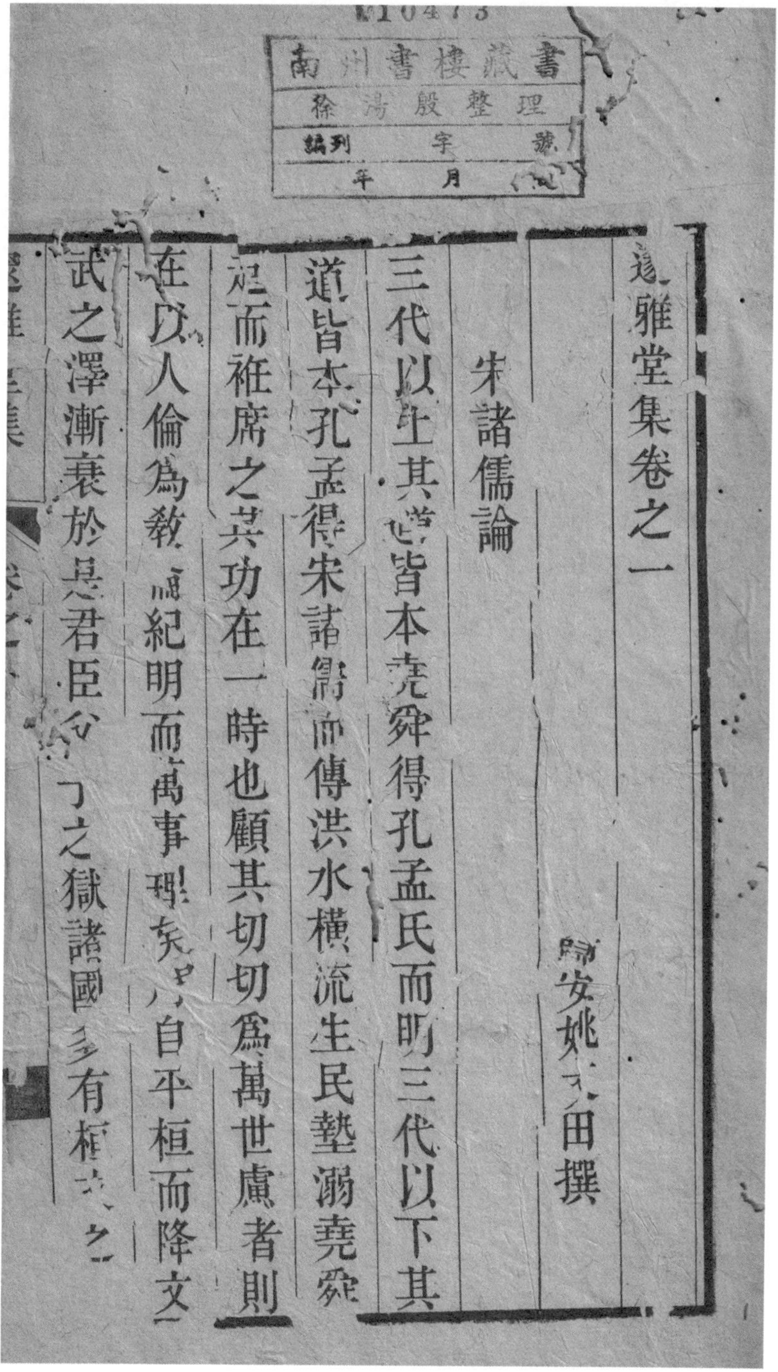

邃雅堂集卷之一

宋諸儒論

歸安姚文田撰

三代以上其道皆本堯舜得孔孟氏而明三代以下其道皆本孔孟得宋諸儒而傳洪水橫流生民墊溺堯舜起而衽席之其功在一時也顧其切切爲萬世慮者則在以人倫爲教而紀明而萬事理矣自平桓而降文武之澤漸衰於是君臣父子之獄諸國多有權奸之

養初堂詩集十二卷紅蕫館詞鈔一卷

清馮震東撰

道光元年宜園刻本

馮震東字篘少，號少渠，安徽滁州人。卷首有吳錫麒序。卷首自序謂集中詩作乃『十四歲甲寅（乾隆五十九年）至三十七歲丁丑（嘉慶二十二年）所作』，『繫之以年，聊以記鴻泥之跡而已』。印本傳世極罕，且版刻至爲精整，殊難得。

版框高一九一毫米，寬一三二毫米。白口。

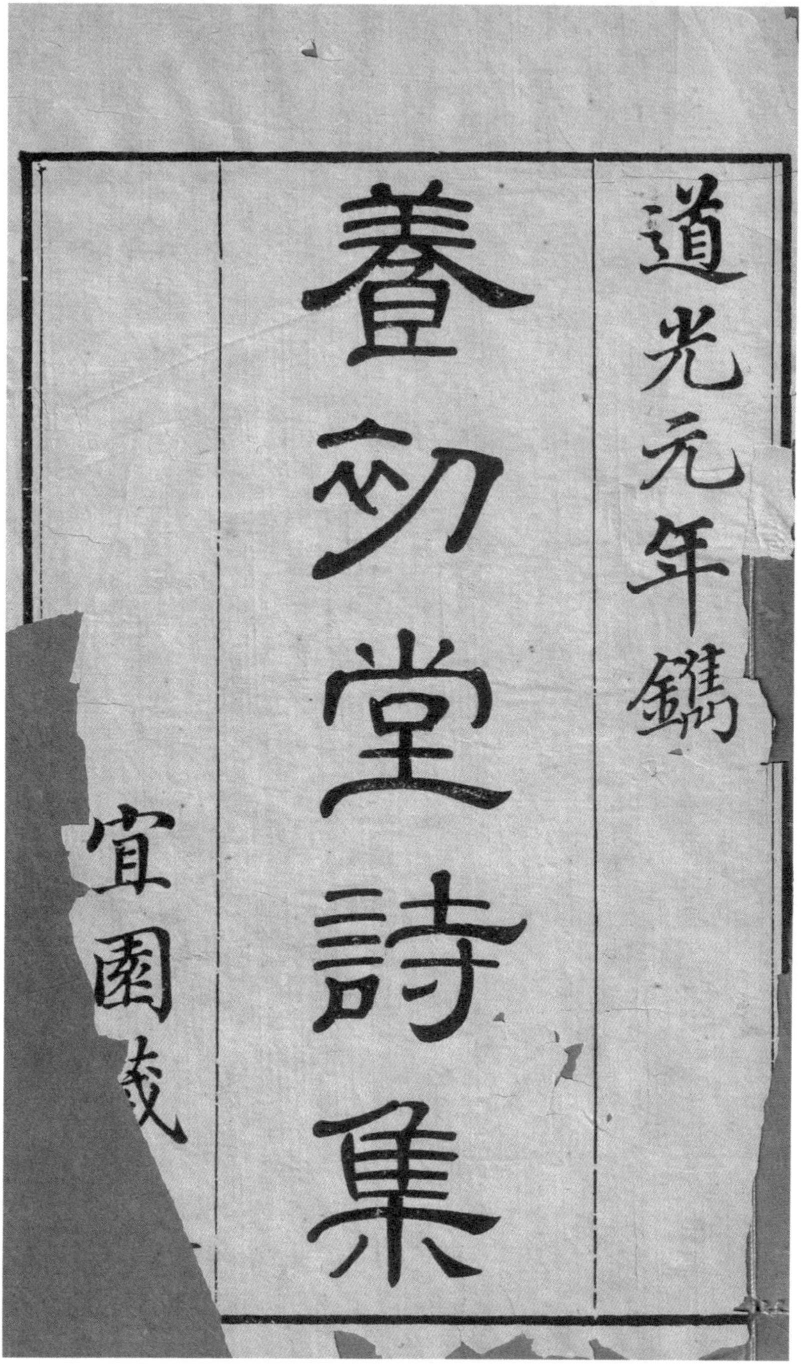
道光元年鐫
養初堂詩集
宜園藏

⊙ 養初堂詩集內封面

右詩十二卷詞一卷余十四歲甲寅至三十七歲丁丑所作也前四卷删去十分之六後八卷删去十分之三共得若干首繫之以年聊以記鴻泥之跡而已丁丑九月　先君棄養戊寅十月　先慈又棄養茞塊餘生不遑及此倐已四閱歲矣偶一檢閱恍如隔世事妍媸幾不復自知庚辰秋友人付之剞劂内有友人之作數章雜入今亟爲釐去不敢掠美並附數言以誌梗概道光元年辛巳七夕馮震東自記

養初堂詩集卷一　甲寅至戊午

南滁馮震東筠少

幽意

少小不更事所好惟讀書聊志古人志敢與時世
疎性天有眞境方寸涵六虛山鳥自投林野花誰
耘鋤春風奄忽至萬物榮吹噓幽人期不來明月
入我廬此境殊自適洪喬今何如

鳳凰銜書伎辭

聖清啟祚俾世昌靈鳥誕降歌吉祥孝德昭宣治

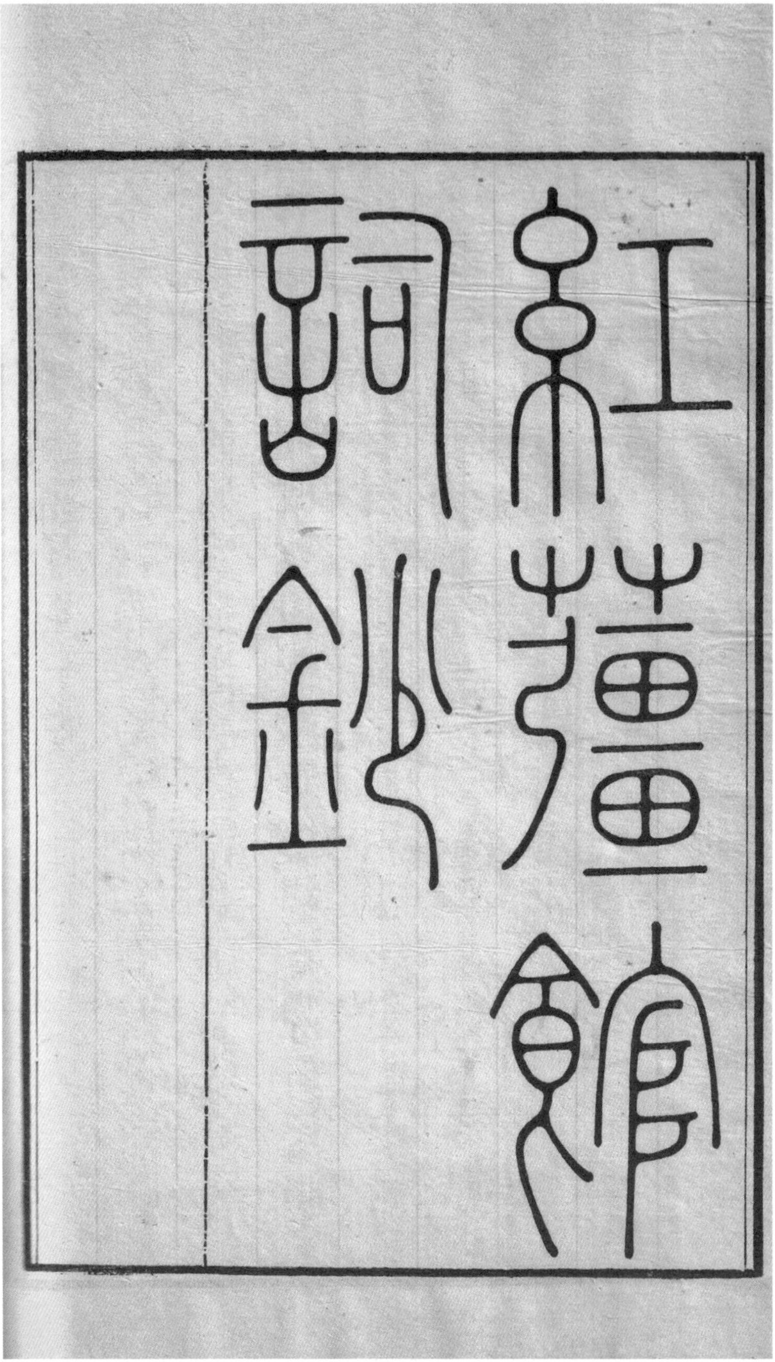
紅薑館
詞鈔

⊙ 養初堂詩集紅薑館詞鈔內封面

紅薑館詞鈔

南滁馮震東筠少

憶江南

題畫

雙燕子飛處是誰家一逕綠雲楊柳樹半溪紅雨小桃花剛是夕陽斜

浣溪沙

秋遊醉翁諸山

一逕荒烟山外山小橋流水日潺潺孤村雞犬也

小萬卷齋文藁二十四卷

清朱琦撰

道光二十六年思聚堂刻本

朱氏嘉慶進士，官至翰林院侍講學士，文宗桐城一派。此本刊刻精整，初印爽目，目錄後鐫『蘇城古市巷湯晉苑刻字』。鈐『盱眙吳氏藏書』與『望三益齋』朱文方印，又有『鹽城孫氏』朱文方印與『鹽城孫人和字蜀丞珍藏』白文長方印，知嘗入藏清人吳棠與近人孫人和書齋。孫氏收藏清人著述，書品印工，均甚講究，此書亦然。

版框高一七七毫米，寬一四〇毫米。白口。

道光二十六年刊

小萬卷齋文藁

高翔麟題

思聚堂藏版

序

涇縣朱蘭坡宮贊學術淹通文采煥發元於嘉慶十五
六年與同
國史館卽深知之洎元奉
使出京聞宮贊忽謝坊局就館吳門奉養終制竟不復
出夫紫陽書院大地也宮贊掌此垂二十年以指日館
閣之聲華甘久坐皐比於經史使非以孝爲之本以靜
成其高何以能使多士師之如此壬寅夏因梁茝林先
生之招來揚州元因得見案頭寫本文一帙雖篇葉無
多而可覘全量前數篇說經之作如腓字手弓諸解皆

小萬卷齋文藁卷一

涇　朱珔　蘭坡

聖駕臨雍賦謹序　嘉慶九年

臣謹案辟雍之設古與明堂太學靈臺同處所以行禮樂宣德化教導天下之人使爲士君子也京師自元明以來有國學而無辟雍

高宗純皇帝御極四十八年始

命酌古準今穿池引井新建圜水工既竣

親臨其地闡揚

聖訓薄海嚮風翕然帖服

養餘齋詩初刻八卷

清柳樹芳撰

道光十二年勝谿草堂刻本

作者江蘇吳江人，貢生。此本爲柳氏詩集初刻，内含《得閒集》四卷，《孤唱集》二卷，《勝溪竹枝詞》一卷，《荊穎集》一卷，諸詩集及内收詩篇俱按年編排。其後在道光二十七年刻有《養餘全集》本，不惟晚出，且遠不如此初刻之本稀見難求。

版框高一八〇毫米，寬一三一毫米。白口。

⊙ 養餘齋詩初刻內封面

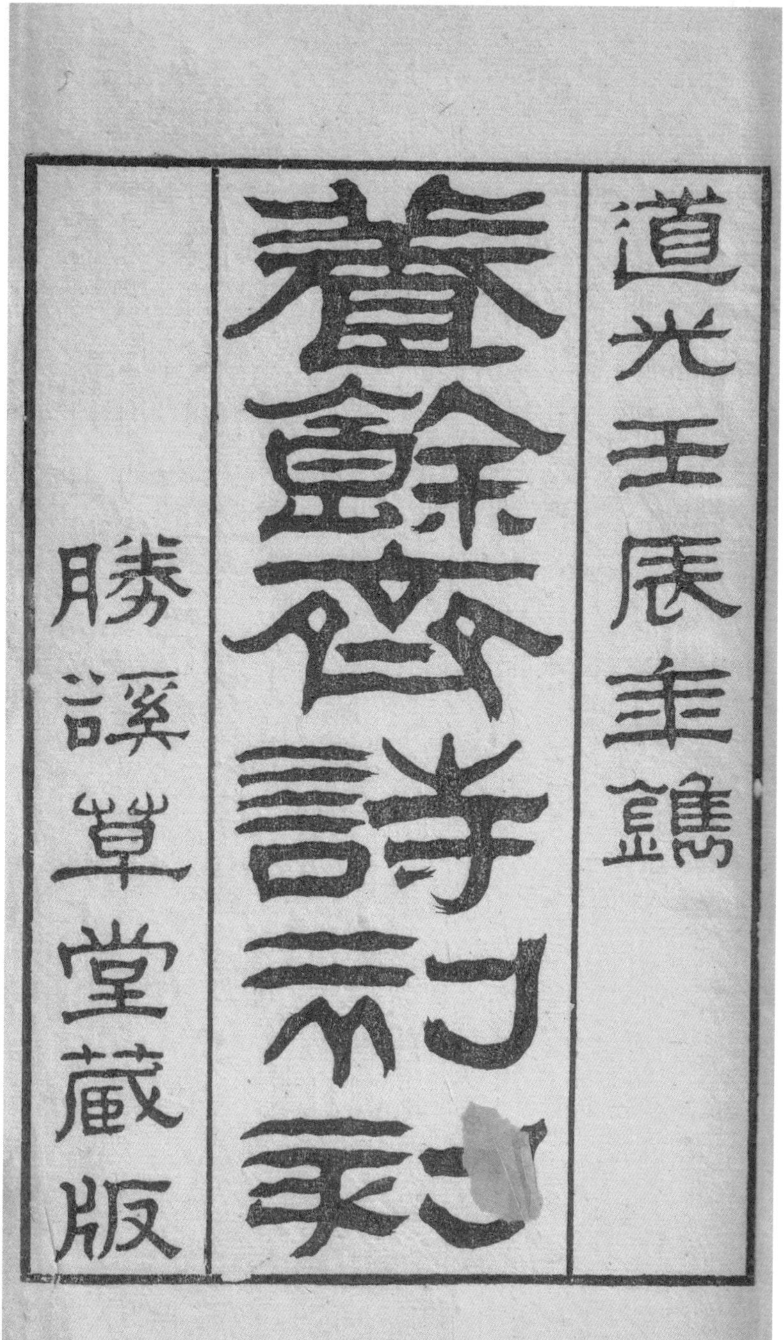

道光壬辰年鐫

養餘齋詩初刻

勝溪草堂藏版

養餘齋詩初刻目錄

得閒集

⊙養餘齋詩初刻得閒集內封面

得閒集卷一

吳江 柳樹芳 湄生

予家牡丹有魏紫者五年未放今歲得開一花詩以誌喜以下庚午

不與姚黄競偏多抑塞時望窮三月後信隔五年遲漫惜榮華晚終憐雨露滋今年春色好應爲索新詩

相思鳥

怪他小鳥號相思爲有春情脈脈知對語疑翻連瑣曲雙棲應老合歡枝魂銷紅豆花開處夢入青樓月落時應笑人間多怨耦迴波詞與斷腸詩

孤唱集

⊙ 養餘齋詩初刻孤唱集內封面

勝溪竹枝詞

⊙養餘齋詩初刻勝溪竹枝詞內封面

荊頳集

心嚮往齋詩集五卷

清孔繼鑅撰

道光二十九年至咸豐六年間刻本

孔繼鑅道光十六年進士，官河南同知。其詩集總題《心嚮往齋詩集》，乃由陸續刊成數種詩集彙印而成。此本含《心嚮往齋用陶韻詩》上下兩卷，道光二十九年刊；《壬癸詩集》一卷，咸豐四年刊；《于南詩錄》上下兩卷，咸豐六年刊。後兩種用普通方體字刻，《心嚮往齋用陶韻》則以流麗書法手書上版，爲清代寫刻本之上乘名品。

版框高一七二毫米，寬一二九毫米。白口。

心嚮往齋
用陶韻詩

道光己酉刊

⊙心嚮往齋詩集用陶韻詩內封面

心嚮往齋詩集

曲阜孔繼鑅宥函

用陶韻詩卷上

灌園四章用歸鳥韻

翔遊八表不如在林戢影惡木不如松岑借問君子好遯何心亦不自審坐我庭陰

逸翮風舉萬里能飛波深雲阻中道何依百齡倏忽實獲一歸授清領素古之所遺

式瞻歸路無復褰裳昔靡身所今有心棲氣抱山静神與春諧顧言企而葛天無懷

咸豐甲寅

壬癸詩錄

熙載書首

序

世謂少陵詩爲詩史舉國家政事之善敗用人之得失與夫古今治亂興衰之源流悉載諸詩爲天下後世鑒而身世逢遇之際枯菀通塞存乎其中後之人讀其詩知其人有不待考諸傳誌者矣孔宥函先生邃於詩者數十年得詩千百首大抵關於朝野身世之故流連景物之製概略焉壬癸詩錄尤先生之感時傷遇者也東南敝於寇者三四年壬癸兩歲爲尤甚摧剝破滅以至今日難猶未已也先生痛其禍之鉅瘡痍之深作排悶

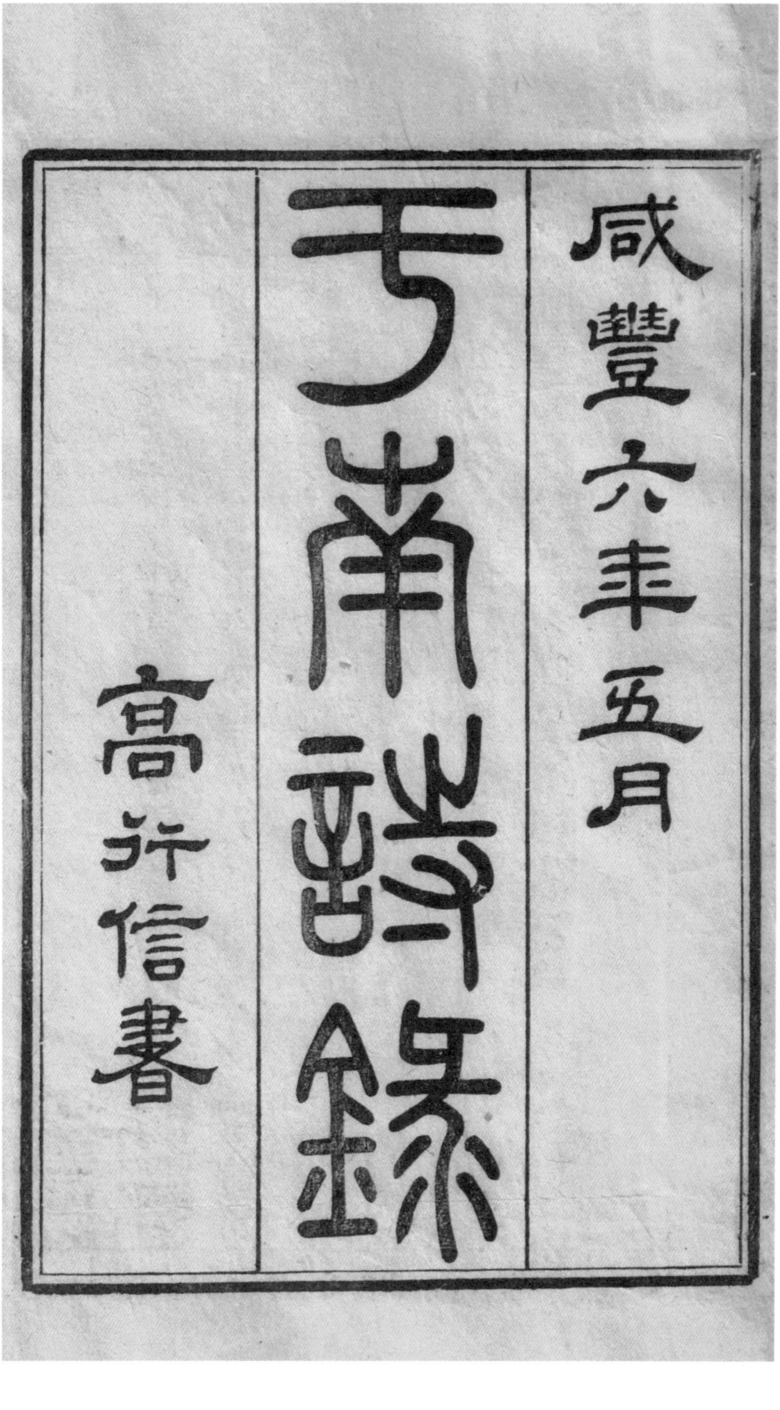

咸豐六年五月

于南詩錄

高祈信書

⊙心嚮往齋詩集于南詩錄內封面

小雲莊詩藁一卷

清劉孚慶撰

道光十六年刻本

劉氏江都人。道光十一年（辛卯），當地遭遇特大水災，鹽運知事徐亮（字訪陶）、袁國璜（字呂溪）等官紳籌措救濟，且率先捐款。劉孚慶特撰兩篇長詩，記述水災狀況並贊頌徐、袁二公義舉，編錄以成此集。書殊罕見，李靈年《清人別集總目》、柯愈春《清人詩文集總目提要》俱未著録。鈐『後百宋一廛』朱文方印。

版框高一七四毫米，寬一一二毫米。白口。

小雲莊詩藁

小雲莊水災歌行題辭

讀水災歌行兩大作奉題　　張春雷薦修

劉蕡示我水災行連篇巨製吼長鯨萬言堆紙紙盡濕洪濤奪路風雨爭死鬼生魂泣泥淖嘈雜多於青蛙聲字痕帶血鏤肺腑白晝讀之天難晴讀詩須識詩中旨要將模範存桑梓睦姻任卹世情疎直書厚誼歸詩史某某倡捐示楬櫫某某傾囊厲貪鄙遍扶中澤活哀鴻道路遺孤收稚子上分賢宰救荒心下

小雲莊詩藁

江都帶水芥畦劉孚慶著

辛卯水災行贈訪陶贊府 並序

贊府孝友性生幹材夙具故凡事關梓誼者亦情最篤焉歲辛卯夏江湖漲霖雨兼旬吾鄉之西南盡成壑已訪陶邀同人急籌災卹章程呈　邑侯鄭酉峯明府給示設局勸

續瀚江詩鈔 一卷

清李文杰撰

道光十二年刻本

李氏江西玉山人，前有《瀚江詩鈔》一卷，梓行於道光六年，惟此續集存本罕見，李靈年《清人別集總目》、柯愈春《清人詩文集總目提要》俱未著錄。

版框高一六三毫米，寬一一八毫米。白口。

⊙續澣江詩鈔內文首頁

若入他人手
定有四句文
實錄意信然

續澣江詩鈔　　玉山李文杰撰

春日感懷

我生何多情無乃有夙因古人雖遠矣思之如相親

其王伯輿後身耶　古人恨不見我

芭蕉花陰裏況遇多情人

春日　情與情相遇　殊難爲情矣

秋夜月下閒步口占

但聞香拂拂不見有花開人閒那得此料是廣寒來

秋夜枕上口占

三更夢初覺皓月透疎櫺展轉不成寐柝聲轉四更

秋蟲爾何爲向人復悲鳴

香雪廬詩存二卷

清董筠撰

道光二十二年刻本

作者董筠浙江會稽人，讀是集卷首友人顧翃題詞，有句云『由來國士科名少，從古奇才幕府多』，知董氏未獲功名，乃依人作幕爲生，最終病歿於歙縣衙署。此集係董氏身後由友人醵資刊印。詩集刊刻精整，由於人微名昧，流佈甚罕，李靈年《清人别集總目》、柯愈春《清人詩文集總目提要》俱未著録。

版框高一九一毫米，寬一三二毫米。白口。

⊙香雪廬詩存內封面

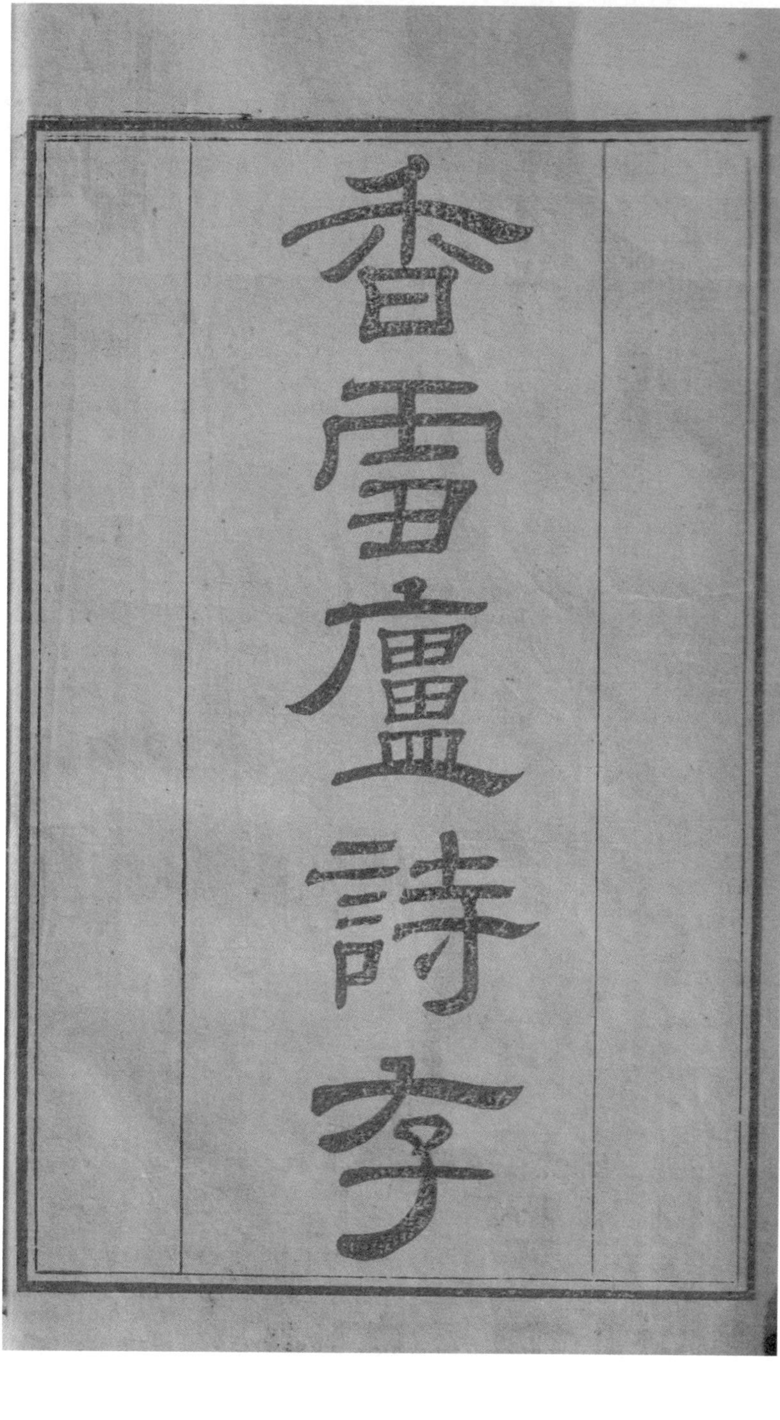
香雪廬詩存

香雪廬詩存卷上

會稽董　筠青士

得酒誌喜

晝長人悄掩松關臨罷黃庭意自閒徑僻懶移當路竹牆低喜見入城山夢回蕉影迷離處詩在蟬聲斷續閒正對芙渠思薄醉一瓻欣與借書還

冬青行

白雁來紅羊及雨黑空山聞鬼泣珠襦玉匣出人間黃

香雪廬詩存卷下

會稽董　鈞青士

偕同人出郭閒步至奉宸山登白雲樓樓爲施愚山讀書處

約爲出郭遊春雨兼旬注連日喜放晴又緣俗事誤今朝二三子蠟屐鼓健步復招淡宕人恰合飲中數鶯啼喚深林蝶舞導先路濃翠撲新嵐芳香襲遠樹長橋壓清溪人影溪中渡曲逕接翠微却穿修竹去言登白雲樓倘覺白雲護精靈來髣髴戀此讀書處我欲一瓣香

秣陵集六卷卷首附圖考一卷金陵歷代紀年事表一卷

清陳文述撰

光緒十年淮南書局重刻本

此集詠懷金陵歷代古蹟，每詩下附有史事考述，實如金陵古蹟圖志。初刻於道光三年，然傳佈未多。此光緒重刻本亦流佈不廣，故《販書偶記》正續編僅著録有道光初刻本而未及此本，以致民國二十二年重又鉛字排印此書，改題《金陵歷代名勝志》，以廣其傳。

版框高一六五毫米，寬一二二毫米。黑口。

秣陵集

⊙秣陵集內封面

光緒十秊淮
南書局重栞

南朝都建康圖考

東晉既亡宋齊梁陳相繼爲據宮城都城皆仍於晉號京輦神皋初劉裕逼晉主宮於秣陵縣後乃自即晉宮元嘉二年於臺城東西開萬春千秋二門都城十二門南面次西門宣陽次東改開陽曰津陽最東曰淸明最西改陵陽曰廣陽北面次西曰元武次東曰廣莫最西曰大夏最東曰延熙正東面曰建春次南曰東陽正西面曰西明次南曰閶闔宣陽爲正門與宮大司馬門直對津陽與宮南掖對建春西明二門達於宮前之直街者宋於朱雀門之南渡淮五里又立國門在長干東南以示觀望齊皆因之梁置石闕於端門外改朱雀門稍西在今鎮淮橋北侯景攻

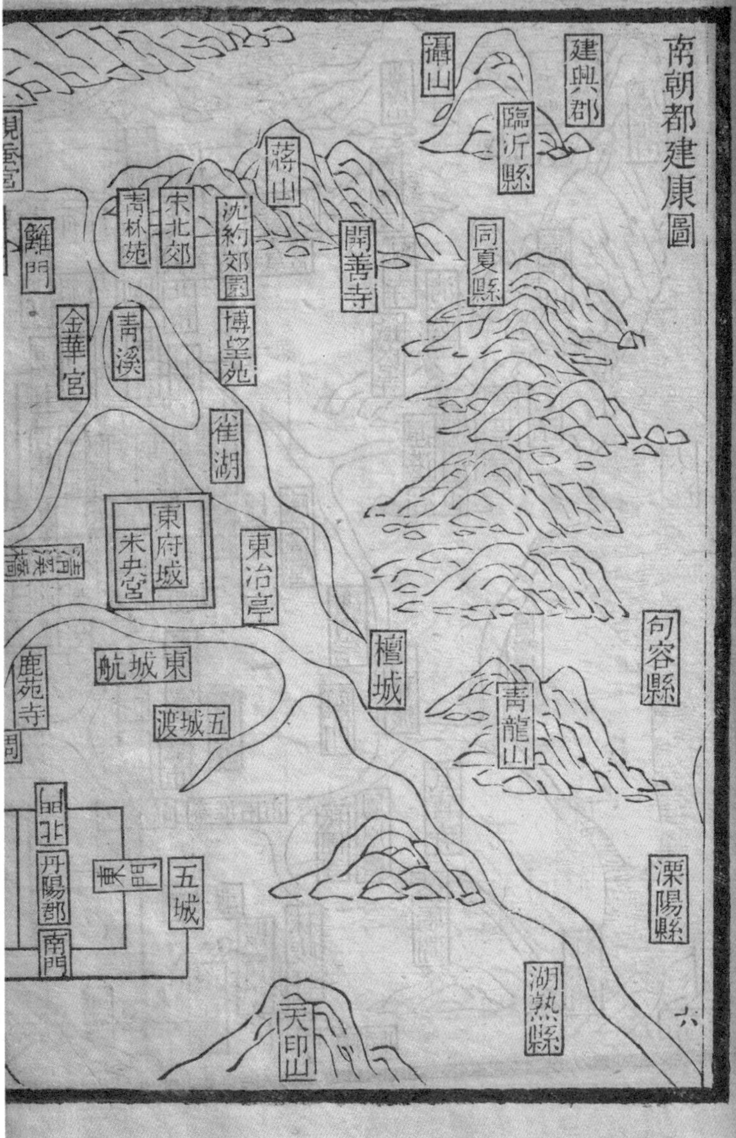
南朝都建康圖
建興郡
攝山
臨沂縣
蔣山
同夏縣
開善寺
沈約郊園
東北郊
青林苑
雞門
金華宮
青溪
博望苑
雀湖
東府城
未央宮
東冶亭
檀城
東城航
五城渡
鹿苑寺
句容縣
青龍山
北門
丹陽郡
東門
南門
五城
溧陽縣
湖熟縣
天印山

秣陵集卷一

錢塘　陳文述　退庵

冶城是吳王夫差鑄劒處

在上元縣治西今朝天宮是其遺址按陸游入蜀記稱天慶觀後爲冶城山天慶觀即今朝天宮本南唐紫極宮故址世說注引丹陽記曰丹陽冶城去宮三里吳時鼓鑄之所以爲孫權所築或仍夫差之舊未可知也

斗閒雲氣望中原賸有蛟龍劒血斑歐冶干將俱寂寞一痕青認冶城山

儘有人閒百鍊鋒好從匣底臥芙蓉韜光斂鍔英雄事莫

求志居集詩十二卷文末分卷

清陳世鎔撰

道光二十五年刻試印樣本

作者道光十五年進士，官至隴州古浪知縣，擢同知。此陳氏別集刊刻未竟本。其中詩集十二卷已刊定，卷端上題『求志居集卷之幾』，下題『詩幾』。文集部分卷次多存墨釘待定，頁碼也有空留墨釘待編者，知尚在梓行當中。惟其如此，實屬難得一遇收藏佳品。

版框高一八〇毫米，寬一三四毫米。白口。

道光乙巳鐫

求志居集

獨秀山莊藏板

求志居集卷之一　詩一

皖江　陳世鎔　大冶

雁字

乾隆乙卯先君館於潛山熊氏世鎔年九歲實從先君初令爲詩賦得雁字詩成熊藕頤先生及丹徒何蓼泉見之詫曰他日必以文名天下今忽忽五十年矣念之殊有愧于其言故編詩斷始于此

幾時辭朔塞萬里帶秋雲不作人間字長留天上文

尚書今古文說一

今之治尚書者蓋無不以攻古文爲事矣余謂攻僞古文不得冒夫孔氏可也謂孔氏之古文有異于伏氏不可也史記儒林傳秦時焚書伏生壁藏之漢定求其書亡數十篇得二十九篇遂以教于齊魯之閒而孔氏有古文尚書孔安國以今文讀之因以起其家逸書得十餘篇漢書藝文志魯共王壞孔子宅壁中得古文尚書安國以考二十九篇得多十六篇是二十九篇伏孔所同唯逸書伏亡也二十九篇者堯典一皋陶謨二禹

絳珠閣繡餘草 一卷

清吳秀珠撰

道光八年問月樓刻本

作者祖父芳培，歷官都察院左都御史、兵部左侍郎、刑部右侍郎。秀珠生於京師，自幼聰穎好讀書，喜吟詩填詞。道光七年，贅婿入門前一日病故，年僅二十。乃父蘆仙在其身後爲之刊刻此集，印本傳世甚罕，李靈年《清人別集總目》、柯愈春《清人詩文集總目提要》俱僅著録有一鈔本，刻本則未見著録。鈐『苾厂藏書』朱文長方印。

版框高一七七毫米，寬一三六毫米。白口。

⊙絳珠閣繡餘草內封面

戊子秋日鐫
繡餘遺草
問月樓藏板

之擢於哉茲其女弟請刊
遺稿余略為刪存濡筆拭
淚而縷述其顛末於此時道
光七年八月下澣蘆仙叙

六

絳珠閣繡餘草

涇上吳秀珠蘊吉著
妹 寶珠 麟珠 校字

題畫

丹靑一幅畫初成山色空濛水色淸中有漁人三兩個散涼鷗渚夕陽橫

墨竹

掃來百尺捲寒煙枝葉槎枒墨色鮮不必桃紅誇媚態虛心一樣有人憐

送别陶靖大姊

幼年隨侍各西東今日相逢樂意同不識何時重握手

䮎飢亭後集十二卷

清祁寯藻撰

咸豐七年刻本

作者山西壽陽人，嘉慶十九年進士，富有學識，仕歷兵部尚書、禮部尚書等職。書後有祁寯藻子世長等注記，云『《䮎飢亭集》自嘉慶十七年至咸豐四年致仕以前詩……《後集》皆致仕以後所作，隨時分卷付梓者也』。此本字體鐫梓精整，初印，爽人眼目，流佈世間較爲稀少。

版框高一八〇毫米，寬一三五毫米。白口。

◎縵𧮫亭後集內封面

縵𧮫亭
後集
程祖慶謹題
祖慶

觀齋六十五歲像

饅飢亭後集卷一

壽陽祁寯藻叔穎

古今體詩五十三首（咸豐甲寅乙卯）

甲寅仲冬蒙

恩以大學士致仕恭紀四首

宵旰殷憂未偃兵
虞廷咨儆望平成那堪遲莫供多病重荷
優容許再生（自夏徂秋因病蒙恩展假三次八月二十九日疏請開缺復蒙　手詔慰諭俾令安心調理至是又及三月矣）陳力亦知羞隕越感
恩惟有涕縱橫
溫綸捧出

又希齋集四卷

清沈范孫撰

咸豐三年沈氏始言堂刻本

作者浙江秀水人，此其詩集，乃孫濂刻印。前三集分别題曰《筠篚偶存》、《汴遊小草》、《豫章遊槀》，卷四爲詩餘。陸以湉《冷廬雜識》卷六記其行事云：『年七十猶應秋試，迄不獲一第……生平喜爲詩，客游四方，一時名士皆推重之，尤與山陰童二樹山人鈺相契。』此本刊刻精整，傳佈較稀。

版框高一八一毫米，寬一二七毫米。黑口。

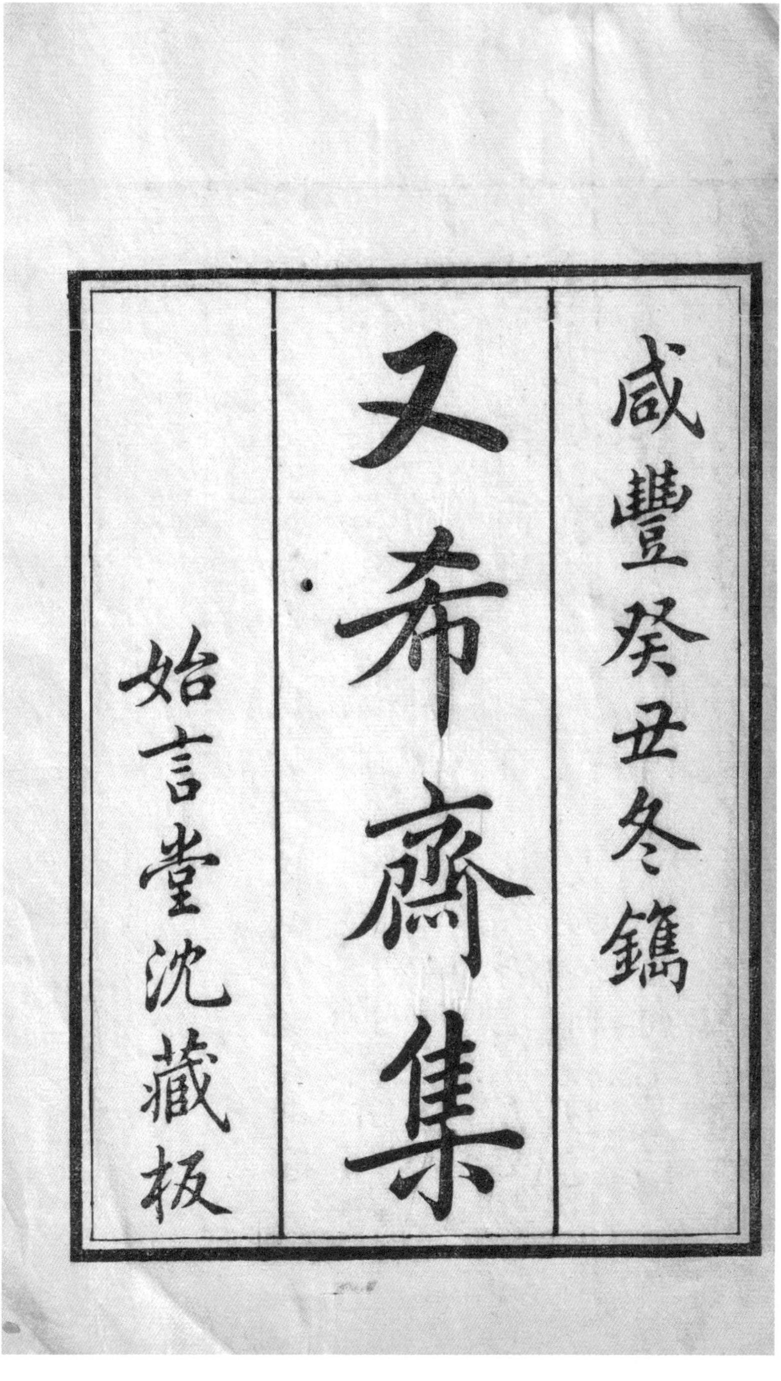
咸豐癸丑冬鐫

又希齋集

始言堂沈藏板

⊙ 又希齋集內封面

又希齋集卷一

鈎簏偶存　　秀水　沈范孫　又希

春泛自梅里赴月湖二絶

裴島煙波展畫圖漁榔聲裏過南湖垂楊鶯語聽初滑可有旗亭貰酒無

月湖春淺綠環村暮雨瀟瀟客打門依舊冷吟兼獨醉紙窗燈火坐黃昏

燕

烏衣猶認舊風流紅粉誰家盼盼樓秪恐簾低妨燕子

⊙ 又希齋集內文首頁

行崇氣節之事一一詔示俾知所景從濂未能文命之
文文不能終篇　大父輒俯几席口授而足成之嗚呼
大父慈愛小子所以訓誨之者何如忽忽五十年德
不加脩學無所成雖通籍無所建立而弟洛自丙子捷
鄉闈後亦終無所成今謝世已逾三載矣其可以仰承
先志者竟何所有錄遺詩忽不自知淚浪浪下也咸
豐癸丑季冬孫濂謹識

句溪雜著二卷

清陳立撰　道光二十三年揚州初刻本

作者道咸間經學名家，所著以《公羊義疏》與《白虎通疏證》最爲著名，其文集所收皆治經之作，頗受學界重視。此本爲陳氏文集最初刻本，乃道光二十二年前文稿，書口未鐫卷次，頁碼亦留墨釘待填，惟於書口反面簡記篇名及本篇頁次，目次後記『其有續搆附於後云』，應待後成諸文補續後統一編排卷次、頁碼。因稍後版燬於洪楊之亂，印本傳世甚罕。

版框高一八三毫米，寬一三三毫米。白口。

⊙句溪雜著初刻本內封面

序

嘉慶庚辰冬先舅氏淩曉樓先生自粵中返里家居授徒卓人年甫舞勺受業於門天資穎悟已具成人之概道光甲申先舅氏客授他氏卓人遂學於梅君蘊生受詩文之法學日進乙酉春先舅氏復家居閉戶著述精公羊春秋兼通鄭氏禮卓人復從受經飫聞緒論斐然有著述之志洎先舅氏臥病董子祠中令卓人問字於余余學殖荒落於先舅氏無所肖似而公羊禮服之學卓人蚤得其傳遂乃博稽載籍凡有關於何鄭之學者手自抄錄推闡其義所著白虎通疏證十二卷實能條

右襍著若干篇皆壬寅前所綴也舟車歷碌稾多散軼敝帚自享未忍弁棄發篋彙錄釐爲二卷其有續搆附于後云癸卯七月陳立識

說文諧聲孳生述畧例

古韻之學蔽蝕久矣自鄭庠作古音辨實開古韻之先然止析六部未免於畧崑山顧氏分爲十部援引該洽而九經諸子騷漢以下書乃可讀江徵君又分爲十三部戴編修則爲十六部孔檢討別爲十八部而分陰陽二聲王觀察更爲二十一部段大令定爲十七部劉禮部又爲二十六部休寧所謂古音之學以漸加詳者也然或有意求密而用意大過因思聲音之原起於文字說文諧聲則韻母也歸安姚尚書有說文聲系一書第部次不分無所取擇且於會意諧聲不無岐誤乙未客

京師假館於廣陵汪氏因剌許書中諧聲之文部分而綴敘之以象形指事會意爲母以諧聲爲子其子所諧又卽各綴於子下名曰說文諧聲孳生述其部次以廣韻爲質諸家之或始歌終談或始之終歌或始元終緝皆不敢取恐鑿也不立部首而以一二爲目其部分以顧氏爲主而參以江孔戴段諸家其一部曰東鍾江二部曰冬用孔義也三部曰支佳四部曰脂微齊皆灰五部曰之咍尤之半用段說也七部曰眞臻先八部曰諄文欣魂痕九部曰元寒桓刪山仙亦段義也十部曰蕭幽尤之半十一部曰宵豪用江義也十六曰侯虞之半

⊙ 句溪雜著初刻本內文首頁反面

句溪雜著續二卷

清陳立撰

咸豐二年冬京師初刻本

此陳氏文集續編初刻之本，書口未鐫卷次，頁碼亦留墨釘待填，惟於書口反面鐫記篇名略稱及本篇頁序，乃待後成諸文補續後，與前此所刊二卷本《句溪雜著》合編統排卷次、頁序。惟書版刊成後應被陳氏攜歸江蘇句容家中，隨即與家中數萬卷藏書一併燬於洪楊之亂戰火，故印本傳世絕罕。

版框高一七九毫米，寬一三〇毫米。白口。

⊙句溪雜著續初刻本內封面

句溪雜著續

王魯說

爲人後者于兄弟降一等報述

三年導服說

于役西曹伏几尟暇偶理舊業間有所得未能割

愛錄成一帙其是與非所未計也元黓困敦元月

志於都門舍館

⊙ 句溪雜著續初刻本內文首頁

士攝大夫唯宗子說

喪服小記士不攝大夫士攝大夫唯宗子鄭注士之喪雖無主不敢攝大夫以爲主宗子尊可以攝之孔疏云士喪無主不敢使大夫兼攝爲主士卑故也宗子爲士而無主後者可使大夫攝主之語義甚明自陸佃吳澄等以宗子指生者言遂謂大夫之喪士不得攝主唯宗子爲士雖是位卑而宗子分尊可以士而攝之案此以後人文義讀先秦書者也此節卽承上文言之上云大夫不主士之喪因大夫於士旁親皆降故不得更主其喪又慮人疑凡士喪大夫皆不攝也又著之曰士攝大

句溪雜著五卷

清陳立撰

同治三年冬刻本

此陳氏文集第三次刻本，除重編前此揚州初刻二卷本與京師續編二卷本，另增有新作，但已重新編排次序。惟書口仍未鐫梓卷次，頁碼亦留墨釘待填，衹是在書口反面鐫記篇名簡稱及本篇頁序，仍待後成諸文補續後再另行排次。印本傳世較稀。鈐『孫人和讀書記』朱文方印、『葉德輝煥彬甫藏閱書』朱文方印，知嘗入藏孫人和、葉德輝兩家。

版框高一八二毫米，寬一三四毫米。白口。

⊙句溪雜著三刻本內封面

序

嘉慶庚辰冬先舅氏淩曉樓先生自粵中返里家居授徒卓人年甫舞勺受業於門天資穎悟已具成人之概道光甲申先舅氏客授他氏卓人遂學於梅君蘊生受詩文之法學日進乙酉春先舅氏復家居閉戶著述精公羊春秋兼通鄭氏禮卓人復從受經飫聞緒論斐然有著述之志洎先舅氏臥病董子祠中令卓人問字於余余學殖荒落於先舅氏無所肖似而公羊禮服之學卓人蚤得其傳遂乃博稽載籍凡有關於何鄭之學者手自抄錄推闡其義所著白虎通疏證十二卷實能條

說文諧聲孳生述畧例

古韻之學蔽蝕久矣自鄭庠作古音辨實開古韻之先然止析六部未免於畧昆山顧氏分爲十部援引該洽而九經諸子騷漢以下書乃可讀江徵君又分爲十三部戴編修則爲十六部孔檢討別爲十八部而分陰陽二聲王觀察更爲二十一部段大令定爲十七部劉禮部又爲二十六部休寧所謂古音之學以漸加詳者也然或有意求密而用意大過因思聲音之原起於文字說文諧聲則韻母也歸安姚尚書有說文聲系一書第部次不分無所取擇且於會意諧聲不無岐誤乙未客

句溪雜著六卷

清陳立撰　同治八年刻本

此陳氏文集第四次刻本。同治八年陳立病逝，其子汝恭『卜葬後，謹檢未刻文字，請寶應劉先生恭冕、儀徵劉君壽曾擇存十四首續刊之爲第六卷』，即前五卷仍用同治三年舊版刷印，僅增刻新編第六卷，但全書卷次、頁碼俱一併鐫入，並剔除前五卷反面書口所鐫各篇頁序。此本流佈仍未甚廣，故光緒十六年長沙思賢講舍又重刊陳集，惟此重刻本删除若干篇章。

版框高一七九毫米，寬一三二毫米。白口。

句溪雜著

⊙句溪雜著四刻本內封面

徐府君劉夫人合祔銘書後

簪帽園記

王君梅生哀詞

書汪孝孫事

書介休三烈婦事

先君子雜著五卷再刻於同治甲子冬乙丑移居江甯丁卯游鄂戊辰游浙己巳由浙歸江甯於鎮江逆次棄養汝恭卜葬後謹檢未刻文字請寶應劉先生恭冕儀徵劉君壽曾擇存十四首續刊之爲第六卷孤汝恭謹識

釋宋

說文宀部宋居也從宀從木錢氏斠詮謂木社木也宀居也白虎通誼社無屋以通天地之氣亡國之社屋之示與天地絕屋者居也此制字之義按錢說殊迂回附會微子於周爲客僞古文微子之命固不可信而周頌有客之詩其所以尊崇者甚至禮郊特牲曰尊賢不過二代春秋家說王者存二王之後通三統使得備用其先代禮樂左氏僖二十四年云宋先代之後也於周爲客則既已封之上公何至特制一社屋下木之宋字以辱之豈武周大聖之所爲而微子大賢亦未必甘心忍

敦夙好齋詩初編十二卷

清葉名澧撰

咸豐六年刻本

葉名澧字潤臣，號翰源，官内閣侍讀。予以其係晚清藏書名家而重之。本集編年排次，始道光乙酉（五年），迄咸豐癸丑（三年），分别題作『城南集』、『雁門集』、『南征集』、『溯灤集』、『北來集』、『薇省集』諸名。序言自謂『自道光乙酉迄今，垂三十年，平生梗概，略具於篇』，亦以詩自紀行歷之意。

版框高一五八毫米，寬一二〇毫米。白口。

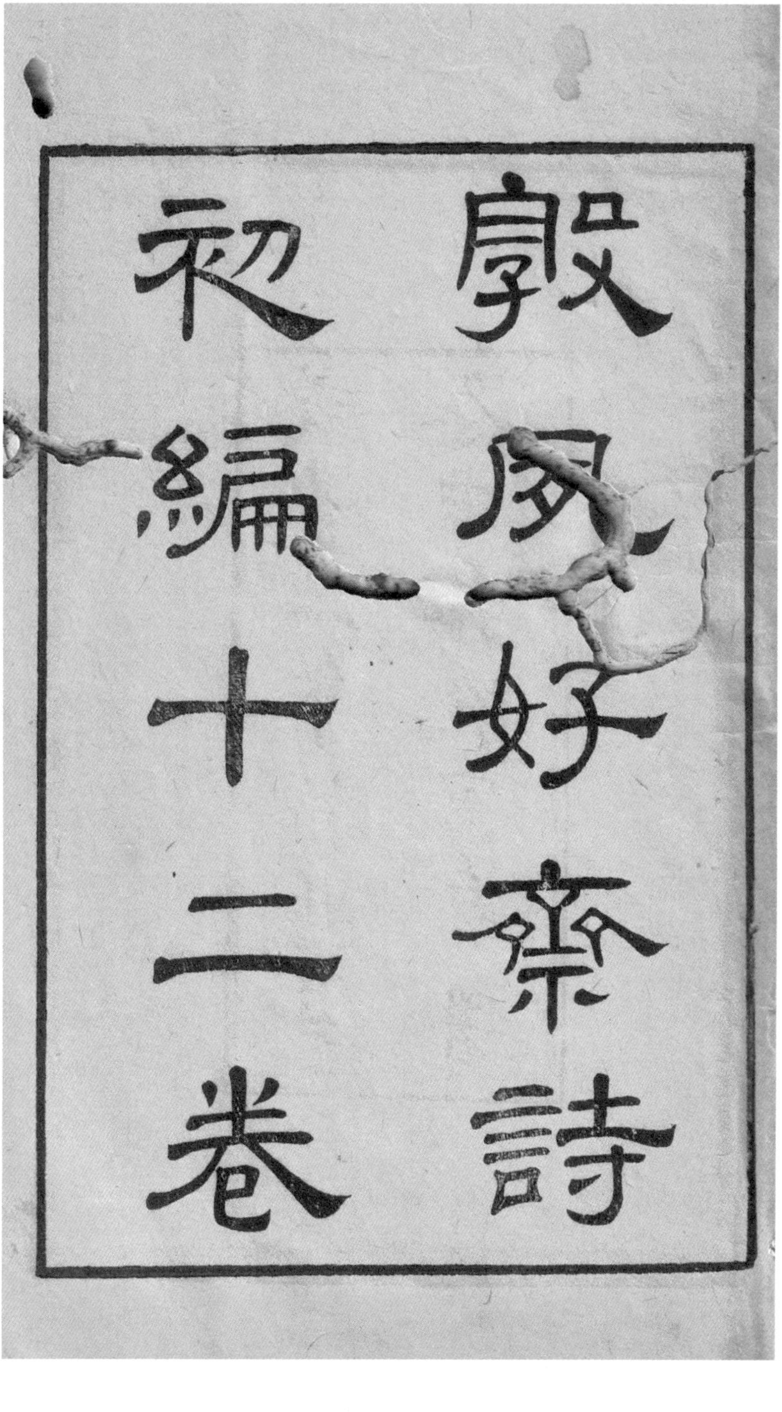
敦夙好齋詩
初編十二卷

⊙敦夙好齋詩初編內封面

咸豐三年癸丑季
冬曲阜孔憲彝署

⊙敦夙好齋詩初編內文首頁

敦夙好齋詩初編卷一 道光乙酉至丁酉

漢陽葉名灃翰源著

城南集一

言懷

車馬喧通衢我廬如山林久知人生樂何必榮組簪舉首晨遐矚白雲舒高岑旭日照嘉樹和風來鳥音壁琴不解彈我懷與之深此物何足貴可以平人心歲月日以駛尤悔日以侵內省嗟已晚黽勉誓自今

乙酉除夕侍大父側言詩

大父傳詩法唐賢一卷尊江河懲別派騷疋討根原萬

太華山人詩存五卷

清王益謙撰

同治元年廣州刻本

作者陝西浦城人，嘉慶十三年中舉，分發福建，歷署崇安、蚶江、永春、將樂、建安、侯官諸地知縣，擢汀州同知。集中有《解餉臺灣數遭危險歸而賦之以誌神佑》詩七首，頗具史料價值。此本白紙初印，傳世頗罕。

版框高一七〇毫米，寬一二三毫米。白口。

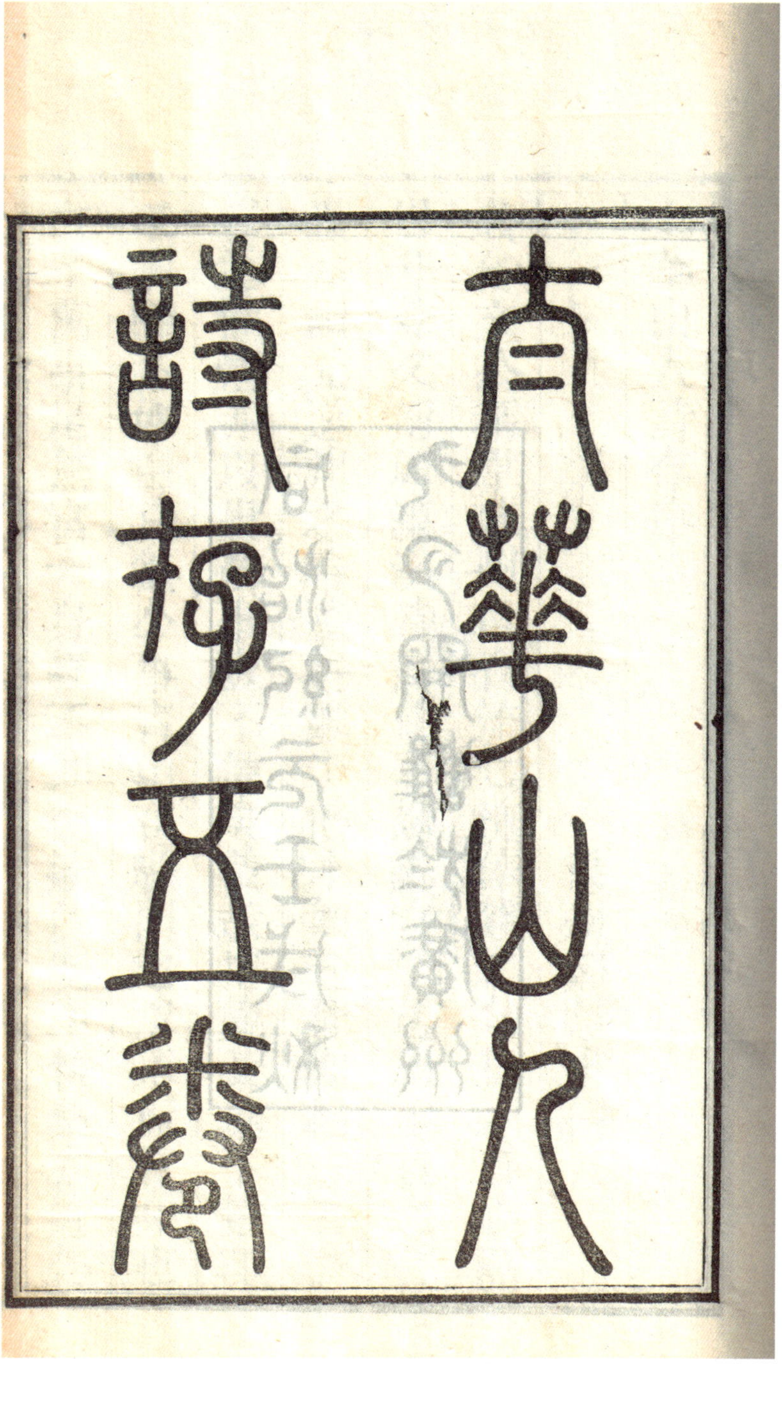
太華山人
詩存五卷

⊙太華山人詩存內封面

同治紀元壬戌秋
九月開雕於廣州

太華山人詩存卷一

蒲城 王益謙 仲山

道山集

木芙蓉四首 錄二首

春暉不愛愛秋光收斂才華未敢狂老圃容顏欣友菊交官恬雅自生香好垂珠露滋瑤草會共龍賓侍玉皇能拒嚴霜唯本色壽蹤今在戴星堂

亭亭玉立本清寒却笑池荷質已殘搔首自憐秋色老知

池陽吟草二卷續草一卷

清余庚陽撰　佚名批注

同治十年至十三年間三原劉氏傳經堂刻本

陝西三原古稱池陽，余氏湖北監利人，同治年間任三原知縣，正值陝甘『回亂』，《池陽詩草》所收同治元年至四年詩，『皆回亂已來，紀事之筆』，故於研治此間史事，價值頗高；特別是其中有佚名批注，箋注相關史事細節，進一步提昇此書史料價值。余氏後主講三原宏道書院，《池陽續草》所收乃同治五年至十三年間吟詠三原詩篇。

版框高一六〇毫米，寬一一四毫米。黑口。

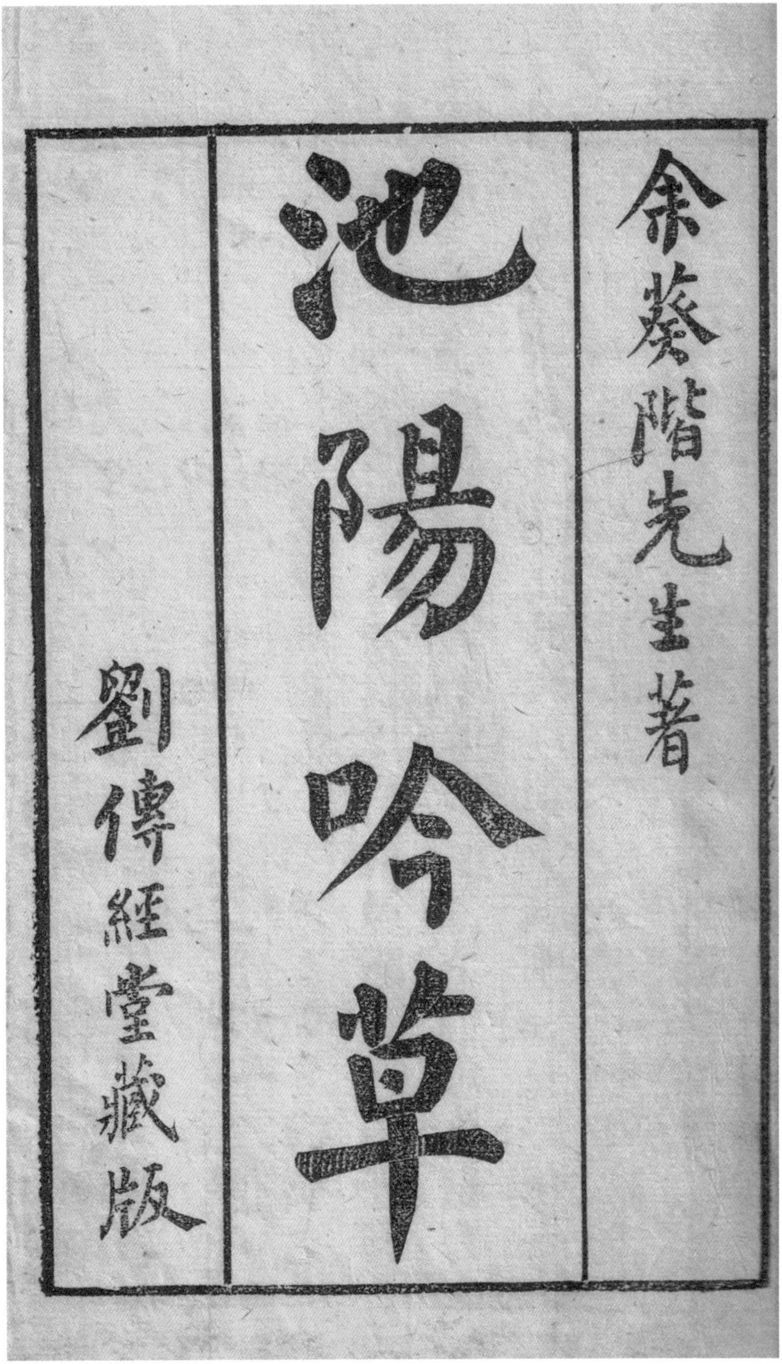
余葵階先生著
池陽吟草
劉傳經堂藏版

⊙ 池陽吟草內封面

遊徊族聚四輔已千餘年犬羊之
性終不能改其獷悍譎詐之氣
令人一望而知為異類殷實之戶
克茶商者力農者尚不失四民之業
然不可多見大半販鹽馬販雅片
是其壟斷其貧苦者專以宰牛
羊作強盜為生求其操儒業
入仕籍者僅千百中之一二不奉
正朔不禮神明不可以法感不
可以恩結惟嚴刑峻法始足懾
其獷獷之志 國家承平日久宦
于秦者自大府以至牧令率欲以
法意感孚以致刁悍之風愈蓄
愈甚滇南徊匪猖獗以來陝逆
即早有不靖之謀辛咸豐初曾
卓如撫秦執法嚴懲馬賊麥
若見立正典刑涇陽大劫之案全
不少貸歟以少奪其氣至咸豐

池陽吟草卷一

秦中紀事 壬戌夏四月

唐代花門世業分○秦川一旦煽妖氛○祇緣貿谷戈矛起○華州買竹遂起兵鬥竟使崑崗玉石焚○誣叛本殊君奐奏○報仇胡逞護輸軍○天方回教性理甘心悖○謨罕幽靈豈忍聞○

哭繆翰仙司馬

三年讞局最相親○余與翰仙同在西安讞局判案三年綬綰臨潼新豐竟致身○白幘已同豨猰毒○張小浦副憲偕同翰仙往撫賊繡衣惟望犬羊馴○擬將持檄招黃佐○翻使揮戈殞李純○遂泛綠波桃

池陽續草

吟草已經三原紳士刊刻因移疾仍赴三原復有吟詠並韓城同州所作亦有關三原情事者特併錄列於前草之末名曰續草

同治丙寅驚聞回賊復竄三原以下九首俱韓城作

飛來一紙倍心驚舊部喧傳鶴唳聲幸有龍門騰急檄學使飛函乞援已教虎旅列連營中丞調兵急赴涇干鏖戰黃流湧峪口窮追壘騎鳴想得官紳齊帶劍膏燃萬炬守孤城

危堞能憑勁旅屯只憐蹂躪徧郊原五年纔見哀鴻集圃野仍驚突豕奔未許魯橋炊淅米賊至魯橋方造飯因官兵

菩提山房初藁一卷

清趙可儁撰

同治十三年刻本

此書書衣籤條印『罌粟六十首』。作者面對鴉片氾濫的局面，寫此六十首組詩，述其禍害，警醒世人，是研治鴉片流佈華夏史的重要史料。此書流佈甚罕，李靈年《清人別集總目》、柯愈春《清人詩文集總目提要》俱未著錄。

版框高一四四毫米，寬一一三毫米。白口。

菩提山房初藁

平陶筱園趙可雋

罌粟六十首

罌粟一名米囊花一名御米花一名米殼花俗名罃萓蓮夷人呼爲阿芙蓉其花絕豔其實如蓮房其子每殼數千粒好事者取其汁製爲土曰廣土曰西土黑土其統名鴉片其別號也近日處處有之厥初來自五印度即所謂身毒國

海國勝遊草一卷

清斌椿撰　同治八年刻本

作者山西襄平旗人，嘗任襄陵知縣。同治五年正月至十月間，時任海關衙署文案之職的斌椿，受朝命遠赴法、英、德、俄等歐洲九國考察，隨行者尚有其子筆帖式廣英及三名同文館學生。這實際上是清廷首次派人出使海外，衹不過爲迴避所謂禮儀問題，沒有冠以使節身份而已。本書即此番紀行之詩，對研究清末中外關係具有重要價值。篇末鐫『男廣英/平校字』。

版框高一六五毫米，寬一〇七毫米。白口。

海國勝遊草

襄平　斌椿　友松

大沽礮臺

百里津沽岸冰融瞬息過時冰甫泮雙臺環雉堞萬里靜鯨
波曲港藩籬固平沙保障多海口鐵板沙甚高如門限然烽煙久消
歇估客樂絃歌

示同舟客

久歷江湖五十春倦遊暫隱軟紅塵風波見慣渾閒事
海客休教傲北人

廣經室文鈔 未分卷

清劉恭冕撰

約同治末年至光緒初年間刻本

劉氏爲清後期著名學者，襄助乃父寶楠成《論語正義》。集中所收皆其治學之文，頗爲學界所重。此本爲其文集原刻，卷次、頁碼處尚存墨釘待填。其中有《婦人裹足當嚴禁説》一篇，其後廣雅書局重刊此本時剔除未收。此初刻原本係白紙初印，傳世頗稀。

版框高一八九毫米，寬一三一毫米。白口。

隰則有泮解

詩氓云淇則有岸隰則有泮毛傳泮陂也鄭箋言淇與隰皆有崖岸以自拱持恭寬按此詩淇隰對文淇爲水名則隰與原隰義別隰卽濕之同音叚借說文云濕水出東郡東武陽入海從水㬎聲桑欽云出平原高唐漢隸以濕爲燥烴字乃以漯字代之漢書地理志東武陽下曰禹治漯水東北至千乘入海過郡三（謂東郡平原千乘）行千二十里高唐下曰桑欽言濕水所出蔣氏廷錫尚書地理今釋云漯水本出高唐至千乘入海自禹導河至大伾始分河之一支（原注史記禹厮二渠以引其河注其一則漯川）東北流首經東武陽至高唐合漯水自合漯水則高唐以

廣經室文鈔 未分卷

清劉恭冕撰　佚名批注

約光緒間刻本

劉氏文集初刻本固甚稀見，此本復有佚名批注，乃轉錄清人汪宗沂、俞樾、陳彝等人批語，又在書前、書後錄有劉氏未刊文稿篇目及撰著書目，頗具史料價值。劉恭冕江蘇寶應人，此書余得自揚州古籍書店，疑屬劉氏家存之本。

版框高一八九毫米，寬一三三毫米。白口。

春秋說
春經補義、吳補說疑之義
禮記校
史記校
荀書校
新書校
論語正義補
四上 漢書七考校本

倉頡繁生考之要解
孝字之字解
論語雜述
湘城通志

士遷延無計及賊大至而男女踉蹌就道彼婦人自知不良於行未及賊而自盡者有之爲賊追迫而自死者有之求死不得爲賊所虜脅者有之又或子爲母累夫爲妻累父母爲兒女累兄弟爲姊妹累騈首就戮相及於難者指不勝屈歲乙丑予遊皖南每至一村屋宇或如故而不滿二三十人多者不過百人就中則九男而一女焉此一女者非必少壯有夫能生育是更二十年而今所謂九男者或無遺種焉豈不可哀也哉夫自古至今婦女死於兵者莫可殫述而皆未有知其死之多累於裹足者故予箸之不啻痛哭流涕言之爲天下後世仁人告也

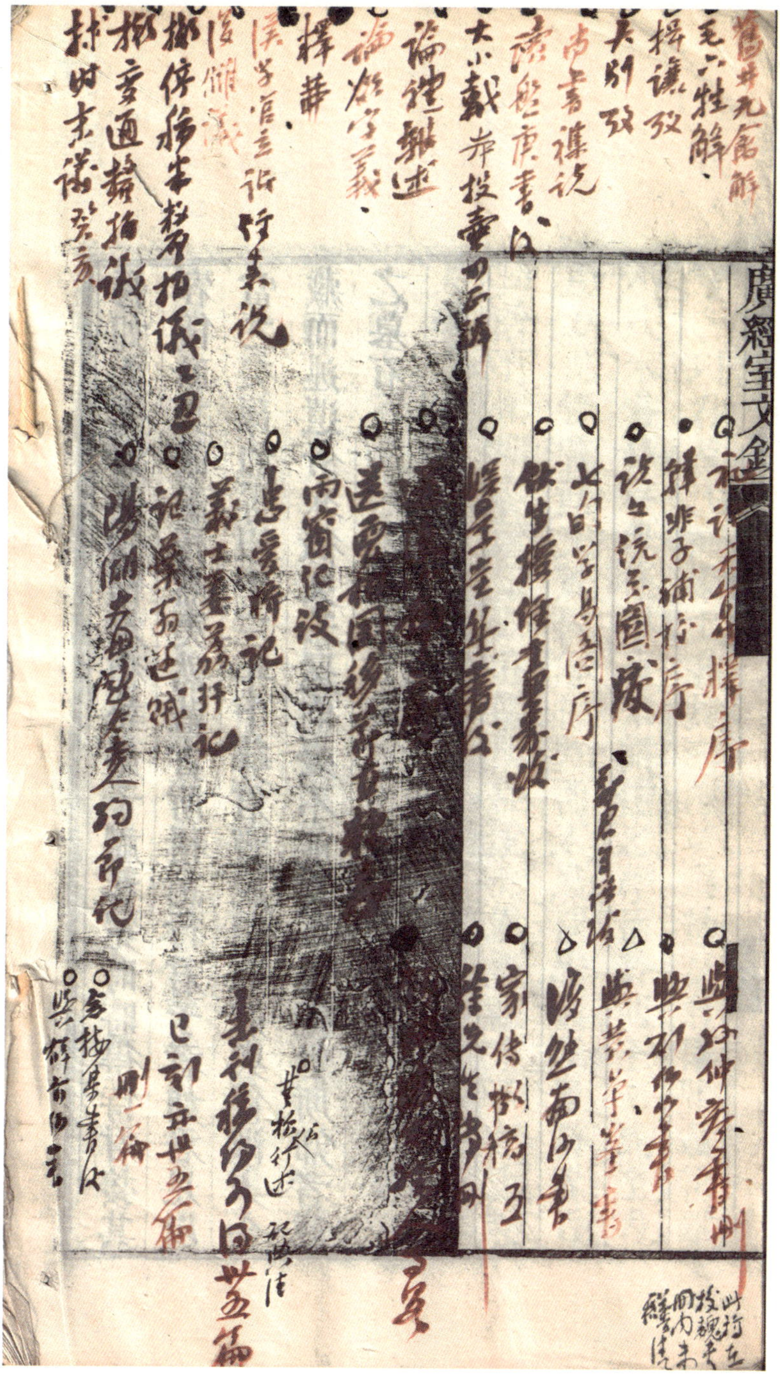

⊙ 廣經室文鈔批注本書衣批字

食舊德齋雜著未分卷

清劉嶽雲撰

光緒八年刻本

嶽雲爲劉恭冕族弟，光緒十二年進士，嘗主講成都尊經書院，官至紹興知府，亦清末知名學人，故文集所收多箋經解史之作。此乃其文集最早刻本，卷次、頁碼俱存墨釘待梓，卷末有光緒八年王家鳳跋及『江夏王樹之/錢桂笙同校』注記。甚初印，亦極罕見，李靈年《清人別集總目》、柯愈春《清人詩文集總目提要》俱未著錄。

版框高一七八毫米，寬一二二毫米。黑口。

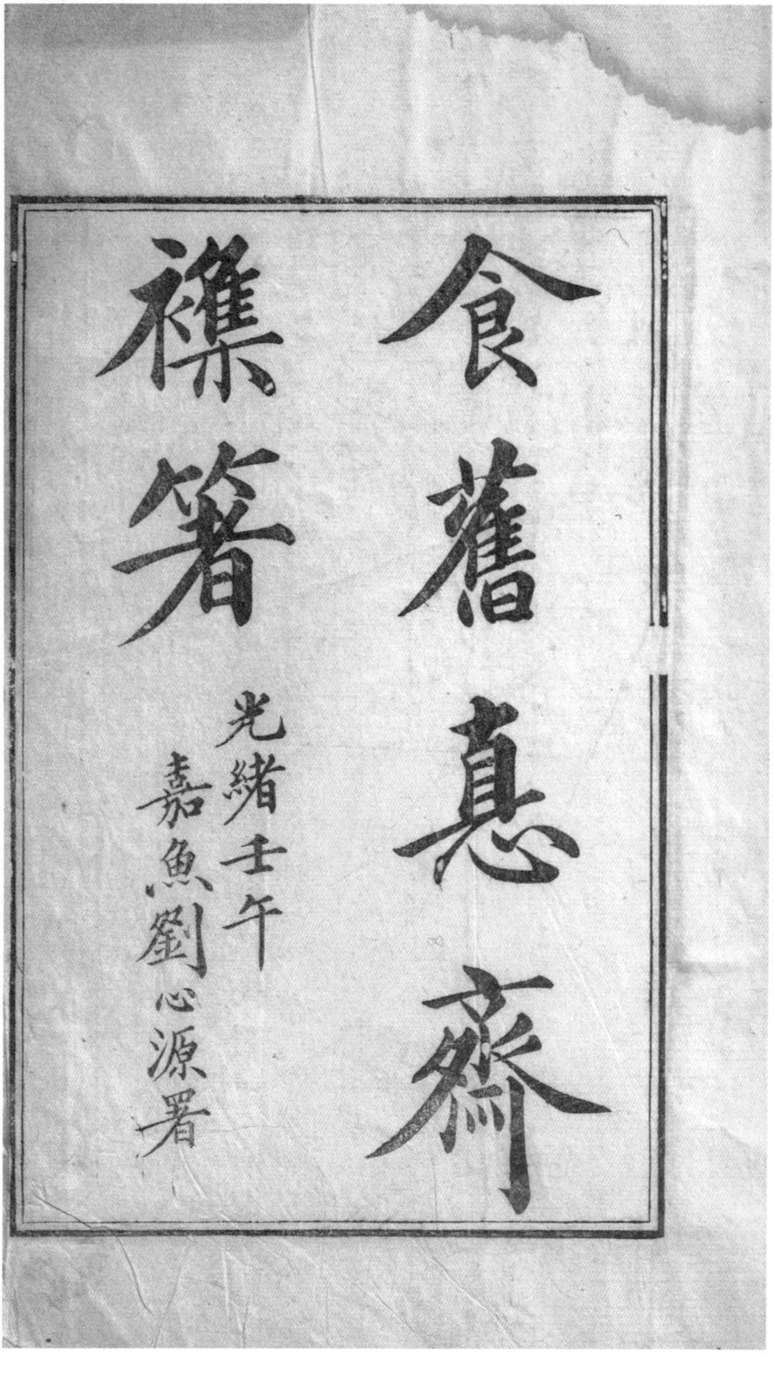
食舊悳齋
襍箸
光緒壬午
嘉魚劉心源署

⊙ 食舊德齋雜著初刻本內封面

⊙食舊德齋雜著初刻本內文首頁

夏小正天象攷

唐書大衍日度議曰夏小正雖頗疏簡失傳乃羲和遺跡何承天循大戴之說復用夏時更以正月甲子夜半合朔雨水爲上元進乖夏紀退非周正故近代推月令小正者皆不與古合開元術推夏時立春日在營室之末昏東井二度中古法以參右肩爲距方當南正故小正曰正月初昏斗柄縣在下魁枕參首所以著參中也季春在昴十一度半去參距星十八度故曰三月參則伏立夏日在井四度昏角中南門右星入角距西五度其左星入角距東六度故曰四月初昏南門正昴則見五月節日在輿鬼一度半參在日道最遠以渾儀度之參體始見其肩股猶在濁中房星正中故曰五月參

正焉光緒八年十月既望沔陽王家鳳謹跋

江夏王樹之錢桂笙同校

食舊德齋雜著未分卷

清劉嶽雲撰

光緒中期刻本

此本乃在光緒八年文集初刻之後，雕鐫諸多前此未收及新作之文（有至光緒十二年始撰著者），與光緒八年初刻本書版合併刷印，版式、字體俱與前者一致。書中卷次、頁碼俱存墨釘有待編定，文中亦間存墨釘待刻。李靈年《清人別集總目》、柯愈春《清人詩文集總目提要》僅著錄有稍後成都尊經書院光緒二十二年刻本。

版框高一七七毫米，寬一二一毫米。黑口。

州長史…祖朝隱鄙惡浮名高尚其仕仕字疑當作志或其字原作不此石稱祖賓父朝隱匡贊自稱故曰曾祖祖皆敦儒術自求野逸則沒其隴州長史不敘匡贊稱女三人長適李次適侯季未從人此石稱女四人長適皇甫氏次適李次適侯季適王匡贊誌在前故得云季未從人何以沒其長姊不書又匡贊稱兒三人長即匡贊仲文質季曰齊貢此石稱子三長曰齊貢次曰匡贊幼曰文質不應長幼顛倒此則異而不可解者也據理而論匡贊自敘不應有誤其敘魏君歷任始末亦較詳魏君沒時據匡贊碑家極貧苦故子自爲誌及趙夫人沒齊貢文質先後爲縣令薄有貲產故請人撰文然銘稱雁行式序祈誌永年是匡贊尚存不應任其錯謬此並可疑者碑

希古堂文乙集不分卷

清譚宗浚撰

光緒六年廣州刻試印樣本

作者即創製所謂譚府菜者，同治十三年進士。譚氏身後有《希古堂文乙集》六卷刊行，此則其生前自刊之本。所收皆駢儷之文，惟卷次、頁碼俱留墨釘待鐫，乃刊刻尚未竣事之試印樣本，極罕見。鈐『南州書樓藏書』長方藍印，知屬民國廣州著名藏書家徐紹棨舊藏。

版框高一六七毫米，寬一二九毫米。黑口。

余少習庭訓卽嗜爲儷體文久之遂積成卷帙然往往苦於詞繁而氣不能斂采贍而格不能蒼或亦天分所限耶比年南北萍浮檢舊作半多散佚因擇其稍成章者三十餘篇梓之以就正於有道君子蓋聊代鈔胥云爾非敢蹈和魯公自刻文集之誚也光緒庚辰十二月

譚宗浚識

述畫賦 有序

昔唐竇臮有述書賦其自序云刊訛誤於形聲定目存於指掌可謂富矣然畫亦藝事之一昔人所以審名物知遠近也而綿邈千載題詠罕及不其異歟余廋疏往籍鳩晉曩篇不揣固陋妄爲斯作至其優劣得失則皆纂集前人之說而不敢妄下己意蓋仿竇氏之體而不盡沿其例云詞曰

涉文囿以遐覽悅繪事之稱神效三長以呈技該六法而扇芬涵烟雲於尺素睨江海於一塵意卽近而創矩情邁古而構新包庶彙於萬狀羌俶詭而鮮倫其始也

紙頌并序

大矣哉紙之爲用也溯夫書契聿興文章肇創雨粟之祥旣著編韋之製斯興握削者比肩懷鉛者接踵乃有奇觚斷簡以樸而匪珍錦贉牙籤以華而罕靚前民利用惟紙爲宜覶其結素霧以長飛點元霜而不落細擣蕉葉潔質自凝膩拭桃花呀光偶展信乃妙參造化巧運鑪錘者矣是使載籍萃於巾箱典謨備於卷握蕭何九千餘律字均易撿尋卜夏百二十國書無難繕錄昔人或爲紙賦或爲紙銘余因頌之云爾其辭曰

蒼筤之竹挺秀敷榮是漉是湅發其精英冰紋細坼雪

儀孝堂詩卷一卷

清何承徽撰

光緒五年刻本

吳氏湖南衡陽人，張伯純妻。此本甚罕見，李靈年《清人別集總目》、柯愈春《清人詩文集總目提要》俱未著錄。

版框高一六四毫米，寬一二一毫米。黑口。

儀孝堂詩卷

⊙ 儀孝堂詩卷內封面

光緒己卯
十月開雕

⊙ 儀孝堂詩卷內文首頁

儀孝堂詩卷

衡陽女士何承徽懿生

明宵詞懷五姊

紫燕辭南雁辭北瑟瑟龍吟秋管裂萬籟俱急蘭膏靑此際懷人正愁絶瞻望深兮憺容與起折芙容兮隔秋水星黄黄兮不可將玉箱金卮夢徽光

秋浦歌

秋浦頻年別秋江日夜流還如隴頭水嗚咽白人頭
瀲灩秋浦月玉輝生夕陰幾朝辭綠鬢秋色便相侵况

夜雪集 一卷

清王闓運撰

光緒九年成都石室寫刻本

是集所收皆王氏七言絶句，末鐫『弟子成都胡延録』字樣，乃由胡延手書上版。字頗峻峭，屬上乘版刻精品。

版框高一六五毫米，寬一〇八毫米。白口。

夜雪集
壹卷

胡延謹署

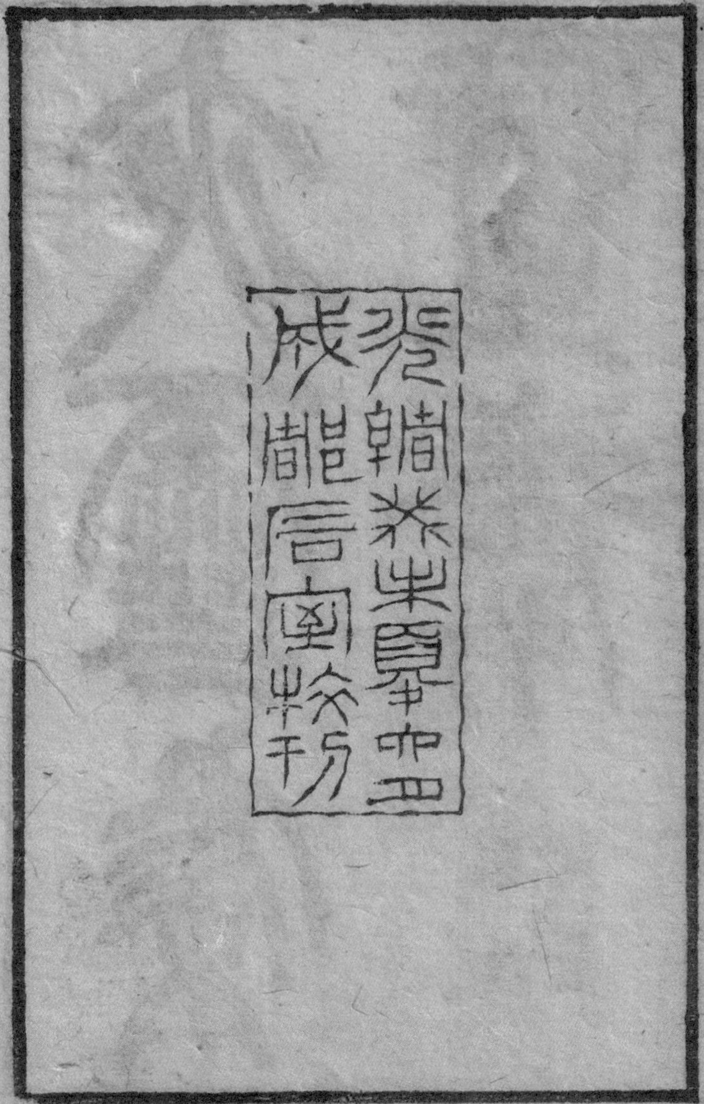

夜雪集序

七言絶句和樂唱五句蓋仿扵淋池招商其平仄相間唯作四句則始扵湯惠休秋思引自是以後盛扵唐代有美必臻别為一體然其調哀急唯宜箏笛大雅弗尚也而工之至難一字未安全章皆損余初學為詩即憚之故集中無一篇閒有所感寄興偶吟旋忘之矣既過强仕閱世學道上說下教意所不能達者輒作一絶句箸之稗官小說取悟俗聽其詞存日記中暇一披吟頗有可采乃令兒子録之仲章夭逝代功弗能撰也託契後生其

椒生詩草六卷

清王之春撰

光緒十年上海藝文齋刻本

作者係王夫之裔孫，雖場屋不利，然文韜武略兼備，且頗具國際視野，因隨李鴻章、左宗棠等辦理軍務，累官至安徽、廣西巡撫，著有《談瀛錄》、《國朝柔遠記》等書。此集王氏自行編年排次，編錄於署理廣東雷瓊道任上。作者言『詩以道性情，大抵不離真字』，誠一代名臣夫子自道之語。是本白紙初印，亦爽人眼目。

版框高一七二毫米，寬一一六毫米。白口。

光緒十年甲申冬鐫

椒生詩艸

上洋文藝齋新刊

⊙ 椒生詩草內封面

椒生詩草序

昔人恥絳灌無文隨陸無武蓋以通材之難也大丈夫提兵絕大漠以戰則勝以攻則取以守則固又或乘長風破萬里浪周歷海邦觀異域山川形勢之險易進取之方略以一吐胷中之奇而爲中國申繼絕存亡之大義其於風雲月露之辭宜無暇及此也然而夫子曰誦詩三百必達於政使於四方不辱君命則於政事文學不特兼之且若同條而並貫其故何哉詩之爲教本人情通物理其言溫柔敦厚先儒謂

椒生詩草卷一

清泉王之春著

憶庭訓 庚申

庭訓分明在追維懍率由名從勤處立富向儉中求
遇事平恩怨持躬寡悔尤心傳宜鄭重勉爲子孫留

送常淡秋世襲從軍

報國才華本不羈特攜琴劍逐旌旗儒生慣有封侯
相自詡沙場作健兒
目擊關河馳羽書英雄斷不戀裙裾橫磨三尺青鋒

蘧盦文鈔 未分卷

清柳尚賢撰

光緒十五年閑存小舍刻校樣本

作者江蘇吳縣人，同治九年舉人，官寧海知縣。此集卷次、頁碼俱存墨釘待鐫，乃試印樣本；其更可珍重者，乃書中間有校勘筆墨，知屬刻書者所用校樣。

版框高一六六毫米，寬一二〇毫米。白口。

蘧盦文鈔

此柳商賢所著　商賢為馮景亭桂芬門人

光緒十五年
閑存小舍刊
銅井山人署檢

豫讓論

昔者先王之待士也何其盛也而士之所以事之者亦無所軒輊於其間其在詩曰蒹葭蒼蒼白露爲霜所謂伊人在水一方蓋未見而求之切之詞也呦呦鹿鳴食野之苹我有嘉賓鼓瑟鼓琴蓋既見而燕樂之詞也皎皎白駒食我場苗縶之維之以永今朝則又既見而恐其去之詞也故曰毋金玉爾音而有遐心而士之所以責望之者一則曰他山之石可以爲錯再則曰他山之石可以攻玉其自待之厚而愛君之切也蓋如此故雖國已亂矣身可去矣而猶不忍輕絕也曰戎成不退飢

領以沒尙爲基之幸也不然飲藥之後有物積中以間白帝帝誠愛基何難窮治其事而顧不之省雖謂惟庸之藥帝實使之可也吾故曰太祖實殺之雖然基好爲陰陽風角之說以術數純人主其學蓋駁而不干者也積之以猜忌之心加之以讒慝之口雖百其身不能逃其死矣且陰陽算歷果何與得失之數哉淮南子曰昔者萇宏周室之執數者也律歷之數無所不通然而不能自知車裂而死晉郭景純探策定數考往知來洞若神明而無益于元帝之東狩且不能自全其身信乎天下之大非術數可以圖治弭亂也恃術者敗此又理之

純字 干字 畢互易

密叩之君曰人心陷溺異端日熾未知其所究極手寫歙人所著不得已刻之曰吾以正人心也嗚呼君可謂有心人矣卒於光緒五年十二月年七十歲所著書若干卷藏於家配丁氏有婦德先君二十年卒子四維駒維騂維馴維驥維騂殉庚申難維驥諸生有文名從予游今惟維驥存女二一適坿貢生黃兆麟舉人蔣壽祖

論曰同治辛未先慈見背君聞訃飛棹下鄉至義金舟不能進侵曉徒步二十里訪予廬次又嘗謁聞予寓吳趨坊亟走訪不能得徘徊於伯通橋畔者竟日至晚始去葢君遇事必出於至誠類如此嗚呼若君者豈易求

省齋詩存八卷

清張祿堂撰

光緒十五年刻本

張祿堂陝西大荔人，從軍多年。此詩集初刻於光緒九年，僅四卷，即此本前四卷。此四卷本張集雖流傳不廣，但李靈年《清人別集總目》與柯愈春《清人詩文集總目提要》都有著録。至光緒十五年，張氏復補刻續作四卷，與前刻四卷合印爲此八卷本詩集。此補刻八卷本傳世極罕，未見著録。

版框高一七四毫米，寬一一七毫米。白口。

⊙ 省齋詩存內封面

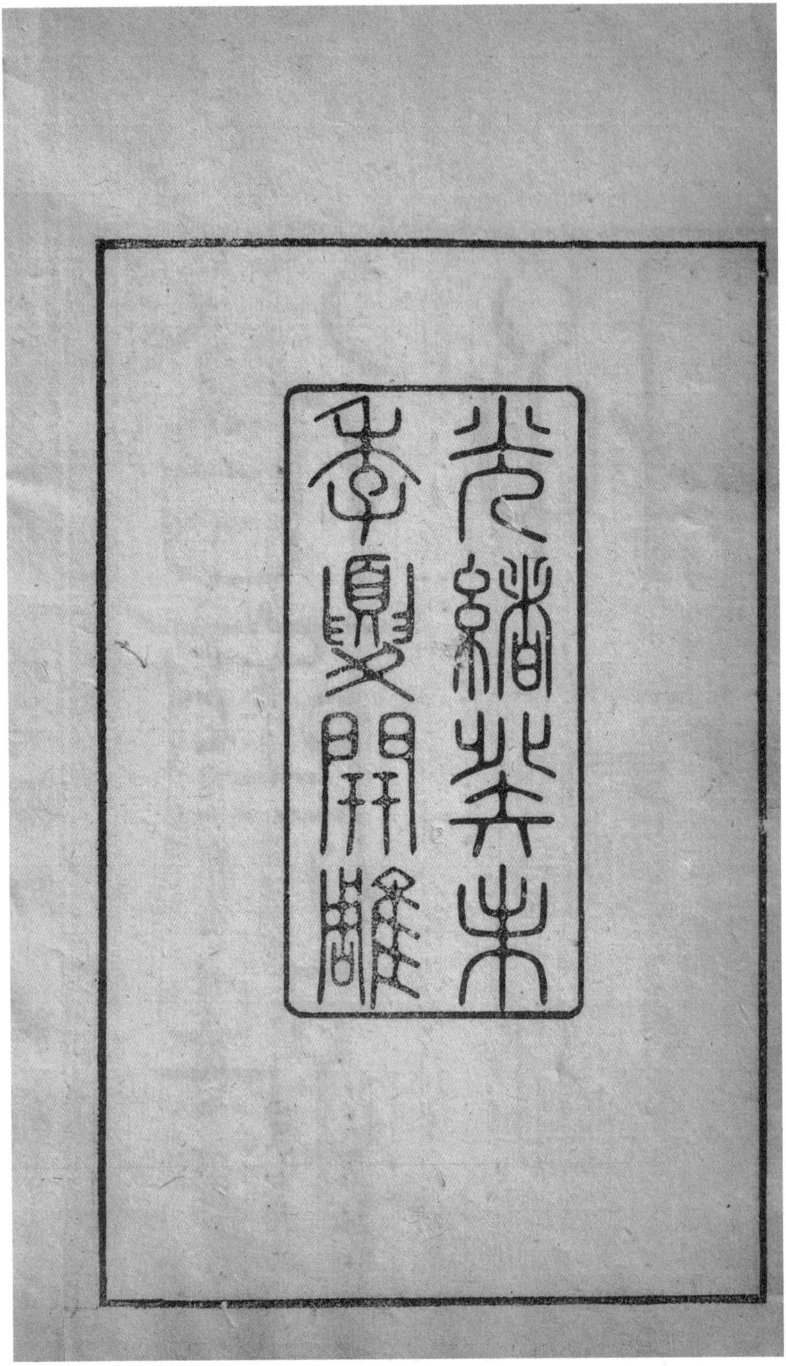

光緒丙申
季夏開雕

省齋詩存卷一

大荔 張祿堂 福田

燼餘草

少弄鉛槧性耽吟咏弱冠時已成帙矣旋付刼火今夏繙閱叢稾所存不逮什一錄藏笥中題曰燼餘草且冀日後有作留爲覆瓿之用耳

先嚴諱日感賦

老烏尾畢逋嗷嗷鳴巢上羣鶵返哺飛叢林紛來往微禽報劬勞矧人寄天壤伊尹生空桑記載涉影響賢哲與庸

倚琴閣詩草一卷

清吴麟珠撰

光緒二十二年刻本

吴麟珠字友石，安徽涇縣人，左都御史吴芳培孫女，工部主事吴檀女。夫章華，江西廬江人，官江蘇候補同知。道咸之際，太平兵興，麟珠隨夫避亂浙東。咸豐七年，夫故；十一年冬，杭州城陷，麟珠自殺殉難。事俱光緒續修《廬州府志》。此本刊刻精美，白紙初印，且由俞樾署簽，年代雖近，實已難得一見。

版框高一五八毫米，寬一〇五毫米。白口。

⊙ 倚琴閣詩草內封面

倚琴閣詩草

光緒丙申春
日俞樾署檢

倚琴閣詩草

涇縣 吴麟珠 友石 著

菊花

九日黃花晚節香羨君獨自耐寒霜秋英漫作
窗前供相對閒吟引興長

月夜懷諸姊

千里迢迢月色明一輪皎潔竹風清夜深獨倚
闌干望兩地應知共此情

歸硯齋詩集十六卷補遺一卷

清楊能格撰

光緒二十四年刻本

作者漢軍正紅旗人，道光丙申恩科進士，官至江寧布政司。此書卷端自署『鐵嶺楊能格簡侯』，《補遺》一卷爲乃子儒（清末駐外公使）於作者身後補編。此本甚初印，尚略帶試印朱紅。《販書偶記》正續編及李靈年《清人別集總目》、柯愈春《清人詩文集總目提要》俱未著錄，頗罕見，且作者籍隸文化落後的東北，更足珍重。

版框高一九六毫米，寬一三六毫米。黑口。

歸硯齋詩集

光緒戊戌仲夏月
湘潭歐陽述謹題

比興之本旨亦在此也傳其卓軌竊比侯芭仰止之私
振此清芬更讀叔黨斜川之集
光緒十九年三月門下晚生翁同龢謹序

附載估船制狹行緩出沒風濤險怪萬狀其轉餉慶陽也盜騎飆忽孤軍自保與羣帥睽阻邊城早秋烽火一夕數舉先生嘯歌自若不改常度非夫遺物慮而得所遺者曷克臻此方茲內訌既平而外患洊至視先生當時世變愈亟景澄與子通共事樽俎攬鬢相視咸動異國之悲若乃久役濡滯歸志浩然此又景澄所踟躕煩紆而常若有慼慼無悰之情讀先生之詩益歎賢達之襟尚爲弗可及也已光緒戊戌四月年愚姪許景澄謹跋於森彼德堡

⊙歸硯齋詩集內文首頁

歸硯齋詩集卷一

鐵嶺楊能格簡侯

越舫集 起道光壬辰迄乙未

先君子宦越 能格 實生青村鹺廨故字越生自齠齔以洎成人泛舟苕霅鑑湖間者數矣咸豐壬子偶顏儆舍別館曰越舫懷曩游也屬理拙稿因以名室者名集示作詩託始云編越舫集爲第一卷

勵志

溟鯤既化上摩蒼昊志士策名不在溫飽蒸黎之窮惟

午夜驅征騎戍樓殘柝聲土香新雨過月隱遠鐙明蛤
吠麥間亂馬嘶沙上輕輿歌聽不斷林外曙光生

雄縣題壁

長橋百尺彩虹浮雲水光中夏似秋柳浪飛花常礙馬
車聲繞岸不驚鷗遠風笛韻來漁艇夕照波光上驛樓
拚取鑑湖輸賀老此中聊可卜菟裘

戊戌冬季與斌秋士子廉諸昆季分詠關東食物
得四首

蛙

瘴海食蝦蟇昌黎亦稍稍冰鮮來幕南地殊類惟肖腹

脂溢盈盌蘆酒觴頻酹誦梵不救烹皐箸爲一笑

兎

天山積雪暗飢鷹下寒空草枯安足棲撲朔迹乃窮旨蓄有瓠葉斯首腹其充豈無三窟謀狡焉竟何功

黄羊

燕弧霹靂鳴馬頭羣走僵不憂觸藩困乃爲飛鏃傷膏飫齊鳳髓乳酪配一觴媢竈不自飽愚哉陰子方

鰣魚

遼海浪拍天容此吞舟鱗揚鬐鼓雷雨從鰕羅絲緡琴聲瓠巴寂雪鱠筵紛綸槃槃十丈軀見困何無神

長安宮詞 一卷

清胡延撰

光緒二十八年精刻本

胡延，成都人。此書卷首署曰『行在内廷支應局督辦署陝西鳳邠鹽法道授江安糧儲道臣胡延恭紀』，乃緣供奉行於内廷而周知宮中纖細，因以七言絕句九十七首並附以注文，描述慈禧太后因庚子事變而西狩長安（西安）期間行事。白紙精印，悦人眼目，且可爲研治庚子之變事提供重要史料。鈐『樂是簃』朱文方印及『苾厂藏書』朱文長方印。

版框高一八七毫米，寬一二七毫米。白口。

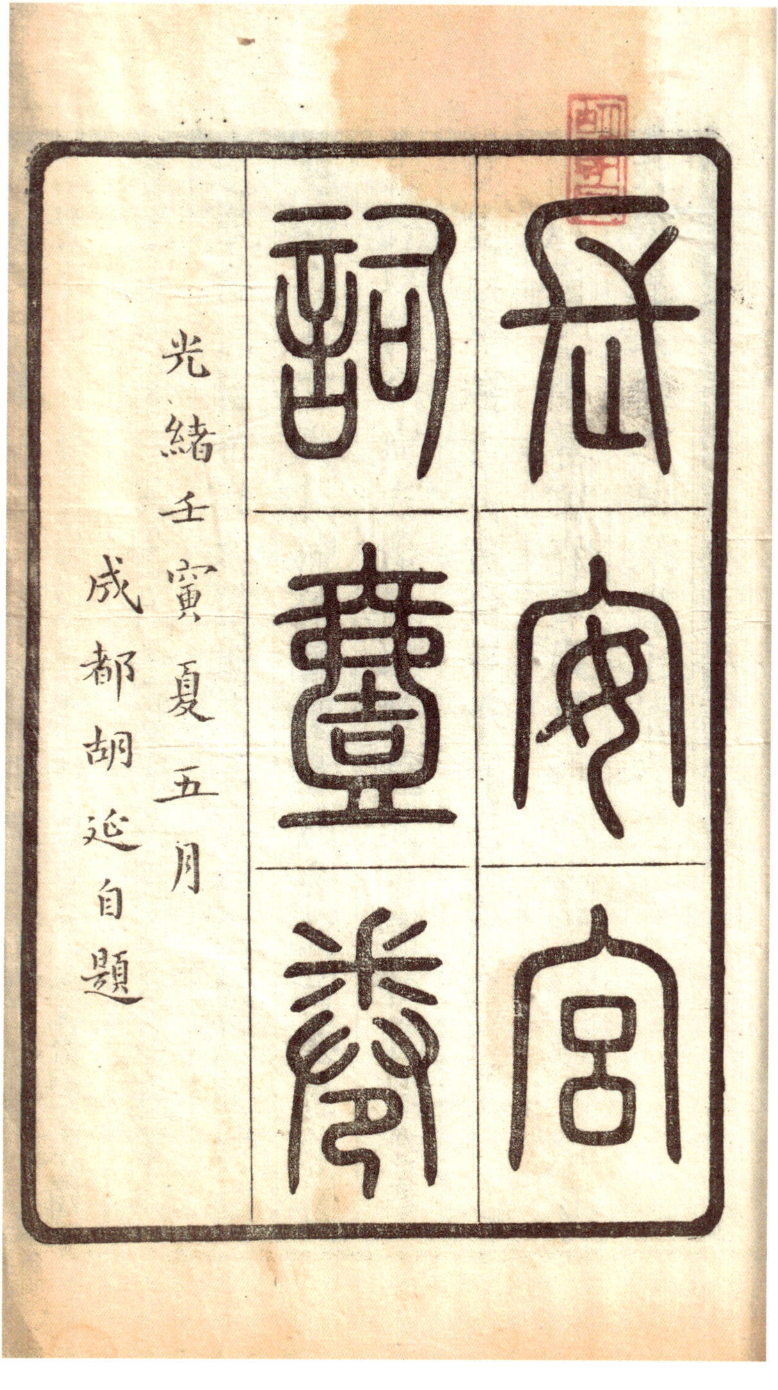
長安宮詞壹卷

光緒壬寅夏五月

成都胡延自題

⊙ 長安宮詞內封面

長安宮詞

行在內廷支應局督辦署陝西鳳邠鹽法道授江安糧儲道臣胡延恭紀

鏡裏八流縈紫甸雲中雙闕擁黃圖漢唐王氣今銷歇又迓 鑾輿作帝都

光緒庚子八月 兩宮在太原下詔巡幸西安護撫臣端方奏明設局恭備供奉事宜飾南北兩院爲 行宮北院巡撫所居南院則總督行館也 聖駕蒞止居於北院取其屋舍較多然草草修葺僅蔽風雨而已

傍水千廬似客寮六飛停處雨飄蕭王公箇箇如楊

二件江綢袍褂料二件十三日賞月
餅一合九月初五日賞黃金四十兩

不待中官頻致辭九重慈孝盡人知新聲若比香
山樂此是元和聖德詩

延供奉行在內廷將及一年宮中纖悉之事
莫不周知故所述聖德悉是實事昔王建作宮
詞全得自傳聞故有不是中官
頻向說九重爭遣外人知之句

李文忠公遺集八卷

清李鴻章撰

光緒三十年精刻本

李鴻章，安徽合肥人，乃晚清重臣，洋務派首領，以通達時務著稱。李氏殫精竭慮，爲國盡忠，得謚文忠，恰如其分。此集係李氏身後由其孫國杰纂集，卷一至五爲各類文章，惟多與政務無關；卷六爲詩作。又卷七爲試律，卷八爲《四書》經義及鄉會試墨，聊存其稿而已。此本係《合肥李氏三世遺集》之一，字體精雅，傳本無多。

版框高一六五毫米，寬一一九毫米。白口。

李文忠公遺集目錄

孫國杰編輯

卷一 賦

李文忠公遺集卷一

孫國杰編輯

便殿日講賦 以明目達聰集思廣益爲韻

謹案

聖祖仁皇帝登極之後儒臣逐日進講寒暑不輟故當時人才濟濟好學者衆我

皇上纂膺大統春秋鼎盛正與

聖祖講學之年相似頃奉　旨舉行日講甚盛典也恭繹

聖諭謂　便殿日講爲求治之本蓋與時偕行以敬

環竹外湖山左右赴簷前春風春雨妝臺黠江北江南畫稿懸絕頂俯臨塵世小便騎黃鵠挾飛仙

東南歸路莽蕭條皖口千峯若爲招半局殘棋存戰艦八年恨事付寒潮靈風下水征帆疾落日中原汗馬驕孤客不堪回首望蒼茫一作斷雲一片劫灰燒

湖上遇雪臥病作 庚申三月十一日

峭風吹凍綠玻瓈浩浩平湖四望迷雪壓輕舠涼氣重雲銜高嶺遠天低菰蒲白戰灘聲亂菜麥青埋野色淒料得故園花事晚玉缸春酒爲誰擕

雪霽登程將至宿松口號

桐城吴先生文集四卷

清吴汝綸撰

光緒三十年寫刻本

吴氏安徽桐城人，也是晚清桐城派大家，其社會、政治、文化理念則多與洋務派相通。此集乃子嗣闓生在其身後編次，門人賀濤等集貲刊印。寫刻字體殊古雅，且日本皮紙精印，值得鄭重寶藏。

版框高一七八毫米，寬一二六毫米。黑口。

桐城吴先生文集

門人李嘉辥敬題

每部定價庫平足銀貳叁兩

吴氏家刻

版權所有

翻刻盗印

貽誤来兹

嚴究不貸

臺箴　文集第一

昔在三后直言是輔導於卿士庶人瞍瞽有懦不矢招之以鼓彼辨亂政其吭則斧諫為專職始東郭牙厥有言責子輿是區降秦及明獬冠齒齒孰回而崇孰匡而圮唐宋悴荒式爽厥聰令以風聞而辱臺是黷使巫論藥祝議匠作有閑而口法隨汝後既捉乃急哆侈罔極厥主弗寤匪訐惟直曰予不自聖汝罔或黙直不可以驟求枉不可以亟收厖言壅離用墟厥居故鄂鄂以興亦喋喋以崩仰覽前辟度言用繩後世失厥衡乃替乃

鬱華閣遺集四卷

清盛昱撰

光緒三十一年寫刻本

作者爲清宗室，博聞强識，清末嘗官國子監祭酒。此集乃盛昱身後其門人蒐集所成。前三卷共收詩一百二十八首，分體編排；卷四則錄詞十三闋。此本寫刻甚精，且開化紙初印，實屬上乘精品。

版框高一九二毫米，寬一三〇毫米。黑口。

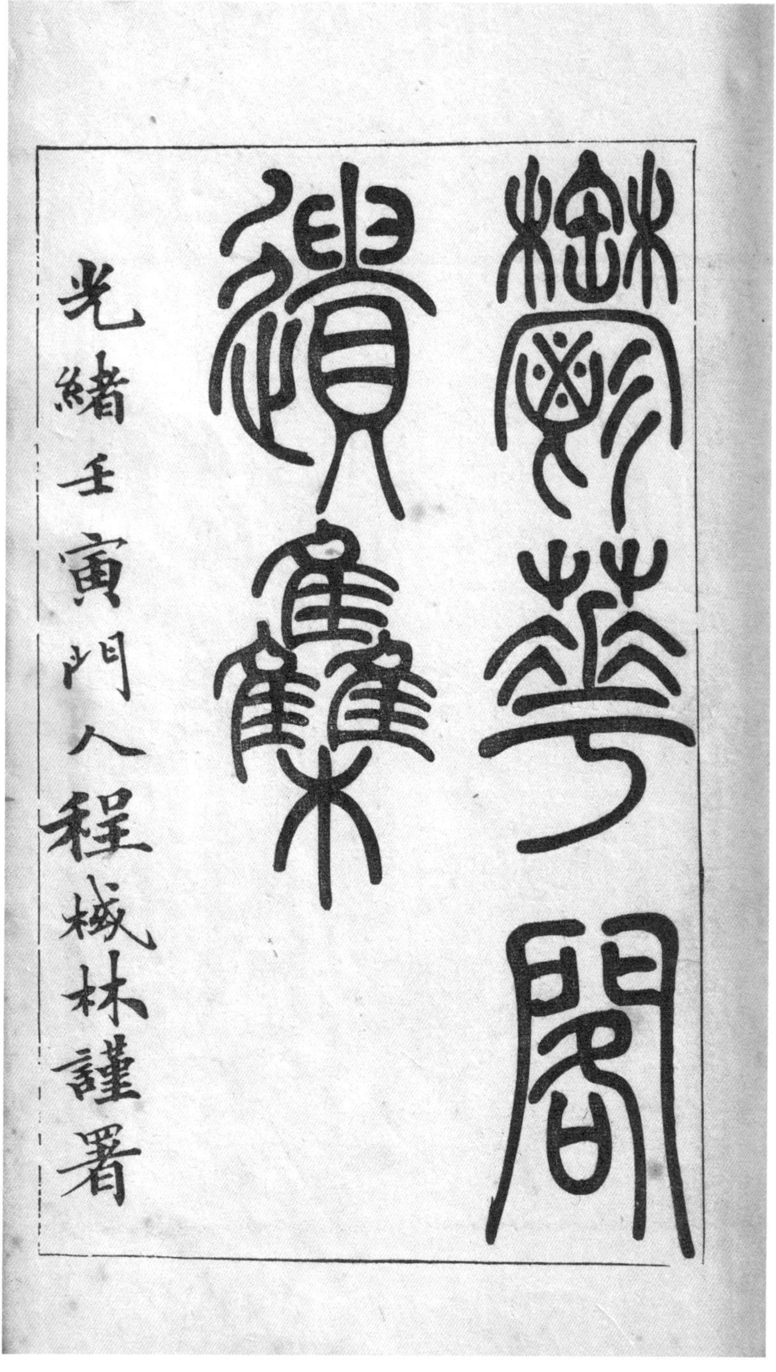
鬱華閣
遺集
光緒壬寅門人程棫林謹署

宗室伯羲先生既卒門人蒐其古今體詩得百二十八首附以詞十三闋都為四卷先生庋金石書籍之室曰鬱華閣故名之曰鬱華閣遺集先生博聞强識其考訂經史及中外地輿之學皆精覈過人尤以練習
本朝故事為當世所推重吾友臨清徐坊嘗謂劭忞曰吾輩聆伯羲譚掌故大至
朝章國憲小至一名一物之細皆能詳其

鬱華閣遺集卷第一

宗室盛昱伯羲

古體詩二十三首

題所得黃小松歷下日記冊子

平生五嶽志蹋迹一關内西履炪題顛東至田盤背縱横四百里牛轉蜡附磓最錄天下碑一一識所在脫轢事幽訪寰宇先嵩岱黃翁歷下記真跡雜圖繪今年落吾手墩帚百朋貴乗軺来此邦淂

鬱華閣遺集四卷

清盛昱撰

光緒三十四年寫刻本

盛昱《鬱華閣遺集》此前已有門生分體編次本印行，此本乃其表弟楊鍾義字子勤者所録，並手書上版，字體别具風韻。此本不惟繫年排列（詞亦單收在卷四），與前者不同，所收詩篇亦與前者頗有出入。

版框高一九七毫米，寬一三一毫米。白口。

韵蒔祭酒鬱
華閣遺集詩
三卷詞一卷

⊙鬱華閣遺集楊鍾羲本內封面

留垞寫刻於武昌

宗室寶熙題耑

日下獲與祭酒申車笠之盟締金石之約洎濫竽玉署聯鑾金閨居則望衡出必聯軫呼烟索儔形影斯偕餐雪搜幽綦履恆共今者故人零落天涯憔悴鍾期既歿伯牙因之輟絃惠施既逝莊生於焉寢管載諷斯篇音塵如接爰紬恒趣以諗方來云爾

光緒三十四年二月合肥蒯光典謹序

鬱華閣遺集卷弟一

同治癸酉至光緒乙未

題消寒詩圖

往事輕塵一霎過龍豬真幻果如何揮泥汨水
新生理日日攜犂和牧歌
清尊接席偶然同莫賦高軒又惱公九陌紅塵
飛不了此閒松竹自秋風

與西涯金鼇玉蝀觀荷花即用西涯
積水潭韵

三月子勤先生以手書
刊本見贈輒跋其卷末
閩縣鄭孝胥

希古堂稿未分卷

清黄炳堃撰

清末刻試印樣本

作者廣東新會人，由舉人而官雲南京東廳、騰越廳同知。黄氏文集有民國粤東刻本，作二十四卷，題《希古堂集》。此《希古堂稿》由乃弟鶴燦編次，乃試印樣本，卷次、頁碼俱存墨釘待梓。其中多爲解經論史及記人序事之文，書口上端鐫『希古堂文』；另有少量詩作，書口上端鐫『希古堂詩』。書極罕見。

版框高一九〇毫米，寬一三四毫米。白口。

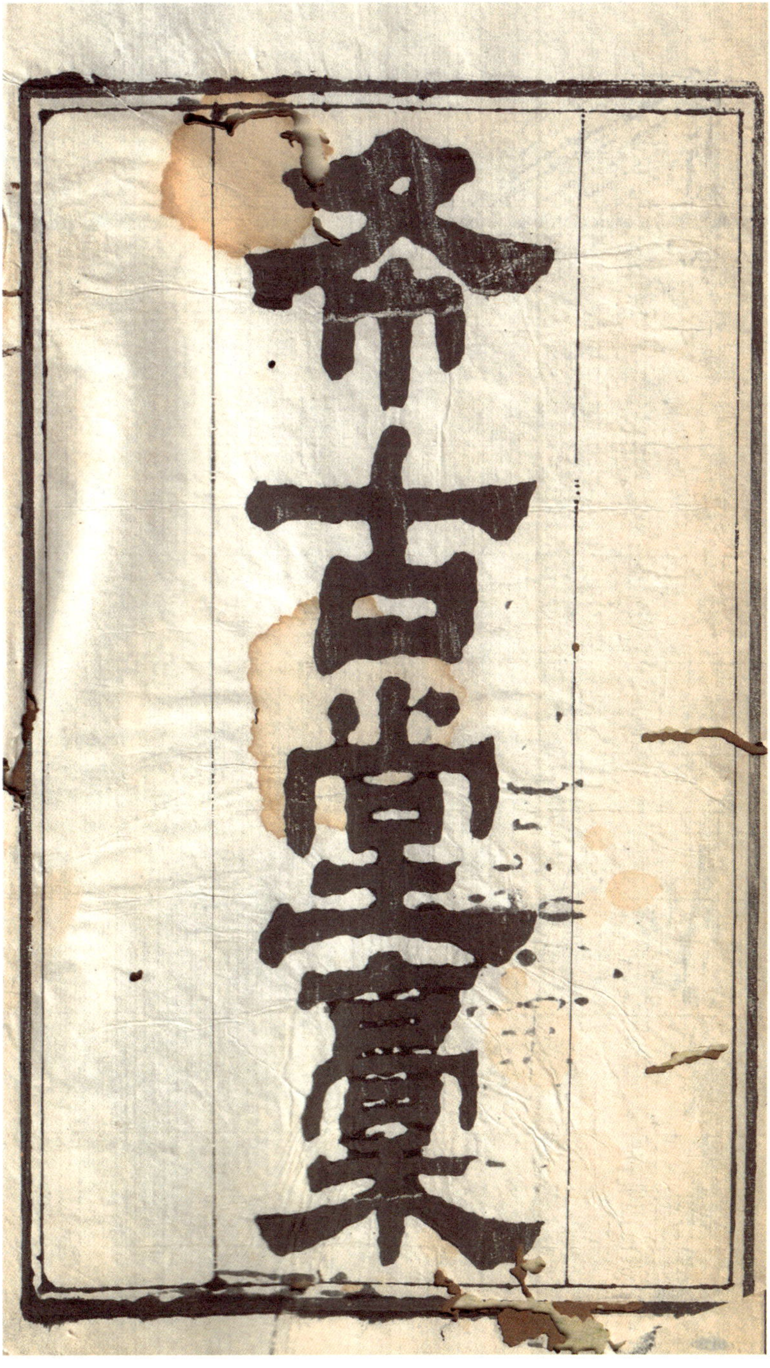
希古堂稾

⊙希古堂稿內封面

希古堂文集序

余嘗盱衡古昔俯仰時賢游心身世之故屈指顯晦之遭未嘗不嘆功名事業之各有天幸也惟此學問文章標操自我士君子亦盡其在我者而已嶺南　黃子笛樓來官吾楚一權益陽遽罣吏議然善政循聲口碑具在余嘗聞之而未見其人嗣笛樓客黔余適有事於苗疆僕僕道途萍蹤偶合則見其人矣而未及叩其所蘊頃笛樓以詩古文詞示余余乃有以觀笛樓之深笛樓博覽羣書足跡又半天下舉凡身心事物之理世變人

希古堂稿

新會黃炳堃篔樓譔　弟鶴燦編次

男肇南永校字

經解

黃裳元吉解

坤之六五、以柔順處盛位、而文在其中、王弼注引子服惠伯之言曰、黃色之中也、裳下之飾也、正義謂臣之極貴者、能以中和通於物理、故云黃裳元吉、顧何以必取象於黃裳、其義未明、考荀爽九家集解、坤為裳、為黃而

說經堂詩草一卷

清楊銳撰

宣統元年刻本

楊銳爲『戊戌六君子』之一。此集乃楊氏就義之後所刊刻，流佈甚稀。

版框高一七四毫米，寬一二三毫米。白口。

說經堂詩草

綿竹楊銳字叔嶠著

定遠道中曉行

巖高石齒排雲樹東火起尋江上路嶺頭煜煜見明星襟上涓涓瀉涼露露冷空山棲鳥驚幽蘭被徑香風迎道旁秃樹似人立林間飛瀑疑松聲石磴高巉碧峰頂雲氣入窗行篝冷木魚曉動僧唄開叫起西谿老翁醒

左盦集八卷

清劉師培撰　宣統元年刻試印樣本

作者爲清末著名學者，此集所收皆其治學佳作。此書初刻於南京，未及竣事，版即毀失。此本爲當時試印樣本，極罕見。卷次雖已大體排出，在諸卷卷端刊明，但書口卷次、頁碼尚存墨釘待梓。劉氏籍隸江蘇儀徵，此本題署『揚子劉師培』，知書版刊刻於宣統改元之後。蓋儀徵改名揚子，係避溥儀名諱，錢玄同《左盦著述繫年》亦明言書成於宣統元年。

版框高一七五毫米，寬一〇九毫米。白口。

⊙ 左盦集內封面

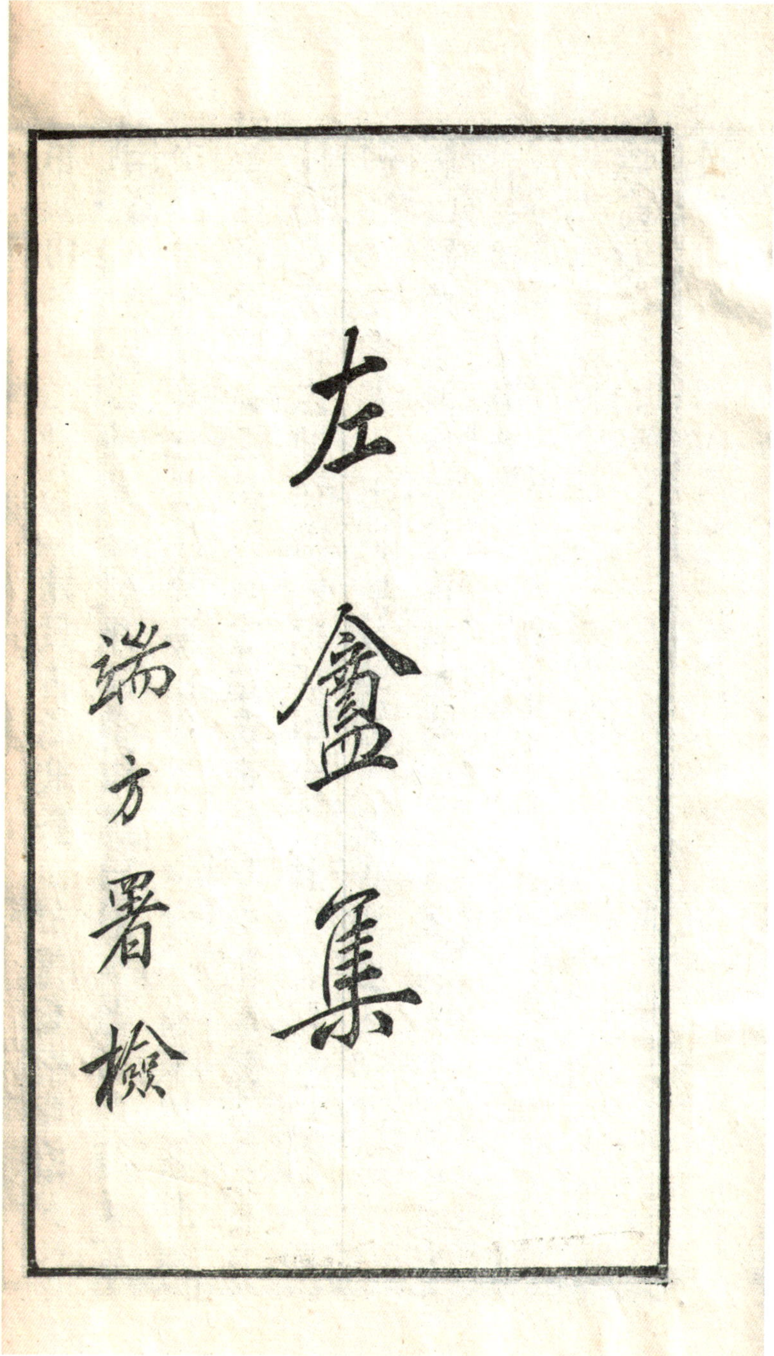
左盦集

端方署檢

左盦集一

揚子劉師培

連山歸藏考

連山歸藏近儒考釋畧備惟漢書古今人表於少典方雷氏之間有列山歸臧二氏列連聲轉臧爲藏省則連山歸藏爲人名值羲農黃帝之間所作占法因以爲名杜子春謂連山宓戲歸藏黃帝蓋以此二易始於宓戲黃帝時耳非謂宓戲黃帝所自作也皇甫謐帝王世紀以連山爲炎帝別爲一說不與班杜同此遂古之連山歸藏也鄭君易贊謂夏曰連山殷曰歸藏蓋夏用列山氏占法商用歸藏氏占法非連山作於夏歸藏作於殷

明堂月令即周書月令解說

月令有三即周月令秦月令漢月令是也周之月令即周書月令解秦之月令即呂氏春秋十二紀及淮南時則訓漢之月令即小戴鄭注所引今月令前後漢書所稱月令亦漢月令說見許宗衡鑑水止齋集三者不同禮記疏引鄭君三禮目錄以小戴月令采自呂氏春秋十二紀非周公所作此不易之說也魯恭言月令周世所造所據皆夏時後漢書本傳此指周月令言周書序曰周公制十二月賦政之法作月令以今考之月令解雖不傳然前儒所稱明堂月令即周月令也漢書藝文志禮類有明堂陰陽三十二篇史記三王世家索隱引明堂月令云季夏月可以封諸侯立大官也今此

笠雲槐里遺文一卷

清王權撰

宣統三年刻本

王氏道光二十四年舉人，官興平知縣。此本内封面鐫『宣統庚戌冬月開雕』。庚戌爲宣統二年，然卷首門人張元際序署『宣統三年』，因知書版刊成，實在三年，亦即辛亥之年。此乃清朝最後一年，故對於清代刻本收藏來説具有特别意義。又此本存世甚稀。

版框高一六一毫米，寬一一三毫米。下黑口。

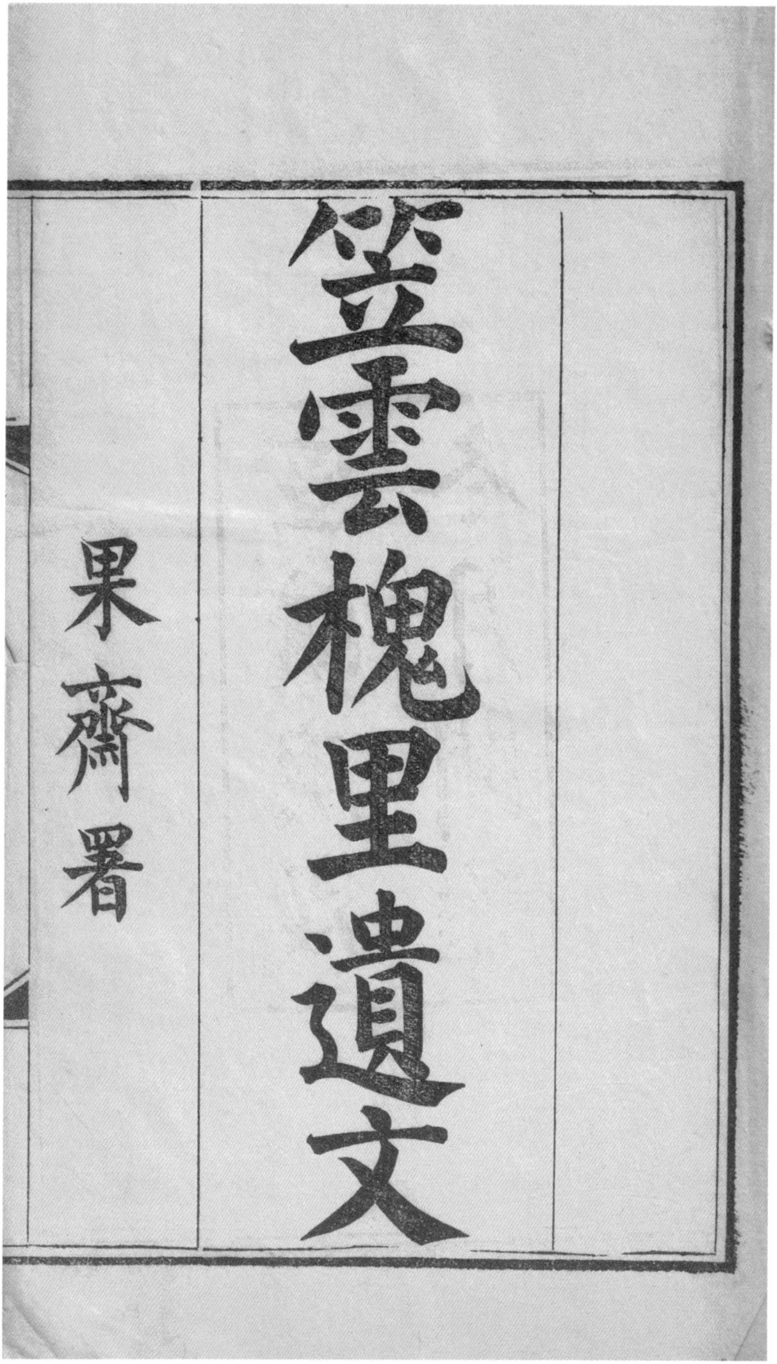

笠雲槐里遺文

果齋署

宣統庚戌
冬月開雕

兩陵 武帝茂陵 昭帝平陵

名山大澤之產。史志家所資也。不此之告。而告蒐輯之疏。可知出言亦自有體。筆曲而逸。尙餘事耳。

士女續志序

興平在漢世。奄有兩陵。縣地豪桀大俠所萃處。流風漸被。人矜節概。今猶有其遺俗。然偉人碩士載在史傳者。漢爲最盛。晉以來頗衰。滅元明逮 國朝益少。表見豈鍾毓之寖薄歟。抑蒐輯者疏也。自同治之元。訖於丁卯。回族髮賊更迭寇邑境。義士健兒爭持白梃角劇寇。至剖胸決脰不反顧。儒冠抗節。巾幗死烈者。則尤衆。 聖朝矜憫忠義。頻 詔訪求。大府爲設局彙報。然戎馬之後。殷務塡委。前令率倥傯不遑。甲戌秋杪。權捧檄來承乏。越明年。始延邑士舉人張炯等。分途采訪。先後報局彙詳奏請。得 旨旌卹者男女共二千三百六十一人。建坊入祠。以次

聖宋文選全集三十二卷

宋佚名編著

光緒八年郯城于氏影宋重刊本

卷末有黄丕烈跋文，乃依據黄氏舊藏宋刊巾箱本影刻。目錄後題『聖宋文選前集標目』，當時似尚有『後集』另刊。小字娟秀，刻印俱佳。

此本印行雖晚，邵懿辰暨邵章《增訂四庫簡明目錄標注》、朱學勤《朱修伯批本四庫簡明目錄》、傅增湘《藏園訂補郘亭知見傳本書目》等四庫版本目錄書籍均未著錄，甚稀見。

版框高一五六毫米，寬一一五毫米。白口。

⊙ 聖宋文選全集內封面

聖宋文選

光緒八年歲壬午郯
城于氏影宋本重刊

聖宋文選全集卷第一

歐陽永叔文

本論上

佛法爲中國患千餘歲世之卓然不惑而有力者莫不欲去之已甞去矣而復大集攻之暫破而愈堅撲之未滅而愈熾遂至於無可柰何是果不可去耶蓋亦未知其方也夫醫者之於疾也必推其病之所自來而治其受病之處病之中人乘乎氣虛而入焉則善醫者不攻其疾而務養其氣氣實則病去此自然之效也故救天下之患者亦必推其患之所自來而治其受患之處佛爲夷狄去中國最遠而有佛固已久矣堯舜三代之際王政修明禮義之教充於天下如此之時雖有佛無由而入及三代衰王政闕禮義廢後二百餘年而佛至于中國由是言之佛所以爲吾患者乘其闕廢之時而來此其受患之本也補其闕修其廢使王政明而禮義充則雖有佛無所施於吾民矣此亦自然之勢也堯舜三代之爲政設爲井田之法籍天下之人計其口而皆授之田凡人之力能勝耕者莫不有田而耕之斂以什一差其征賦以督其不勤使天下之人皆盡力南畝而不暇乎其他然又懼其勞且怠而入於邪僻也於是爲制牲牢酒醴以養其

國朝古文選二卷

清孫澍編著

道光十四年古棠書屋寫刻本

是書選編王猷定、顧炎武、侯方域、魏禧、計東、汪琬、陸隴其、儲欣、邵長蘅、馮景、方苞、李紱、茅星來、袁枚、彭端淑十五家文四十五篇，孫氏手書上版，字甚典雅。卷首序文下書口處鐫『古棠書屋』。《販書偶記》正續編俱未著錄，殊罕見；且新刷初印，墨色鮮亮，洵屬上等佳本。

版框高一八三毫米，寬一四二毫米。黑口。

道光甲午

國朝古文選本

鶩溪春皋手抄

左選
國朝十有五家文四十五篇釐爲上下卷舍弟
子皋自綦學告歸鷺溪邨舍欲習知近事㠯爲
師法手隸書讀本也意㠯爲古文之作難矣至
於今學者舉盡心於制藝作者爲尤難蓋制藝
之獘在於舍旹務而譚道理夫㠯不識旹務之
人而譚道理高者僞下者害矣吾輩旣習爲旹
文㠯干科名不可不學於古文類通旹務㠯植

國朝古文選 上

王猷定 軫石

代宋遺民廣錄序

程篁墩輯謝皋羽鄭所南十一人詩文傳於世題曰宋遺民錄李子讀而廣之為之序曰嗟乎此皆南渡傷心之士也夫自建炎迄於祥興中原血戰其間一百五十三年興亡之故不具論厤數將相以及仗節死義之士其行事俱載之史而遺民不少概見何與蓋一代之史成之多由其史官皆尊崇本朝有所飾於彼則有所漏於此而宋史為甚延祐間天厤間朝士不知義例屢詔而不成至正二年使脫脫輩為之裁定他人不足道也歐陽元呂思誠之徒豈不知統緒之所在而乃以三史

古詩選三十二卷（殘）

清王士禛編著　吳闓生批注

同治五年金陵書局刻本　存卷一至五，計五卷。

王士禛選取漢唐間五言古詩編爲十七卷，又選錄自古及元七言古詩編爲十五卷，合之三十二卷，梓行於康熙年間。此洪楊亂後官書局重刻之本，本不足重，惟書中有清末民初人吳闓生大量批字，係用作乃父汝綸《古詩鈔》之工作底本。闓生迻錄吳汝綸評點字句，間附己見，並注明『照刻』之類字樣，知已寫定待刊，與清定藁本無異，雖殘，亦殊足珍重。

版框高一七七毫米，寬一三二毫米。黑口。

同治五年十月
金陵書局開雕

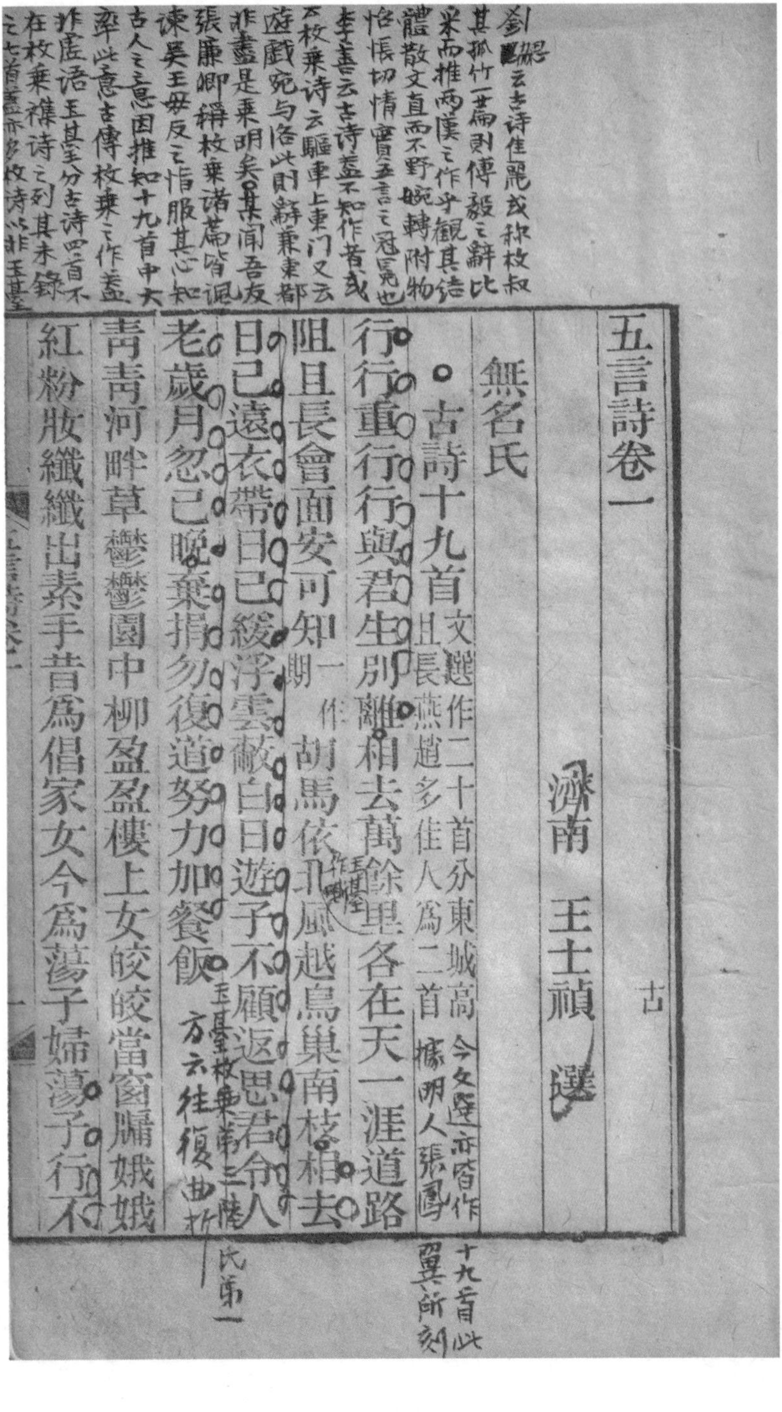

劉勰云古詩佳麗或稱枚叔其孤竹一篇則傅毅之辭比采而推兩漢之作乎觀其結體散文直而不野婉轉附物怊悵切情實五言之冠冕也李善云古詩蓋不知作者或云枚乘詩云驅車上東門又云遊戲宛與洛此則辭兼東都非盡是乘明矣其聞吾友張廉卿稱枚乘諸篇皆諷諫吳王毋反之指服其心知古人之意因推知十九首中大率此意古傳枚乘之作蓋非虛語玉臺分古詩四首不在枚乘襍詩之列其未錄之七首蓋亦多枚詩以非玉臺

五言詩卷一

濟南　王士禎　選　古

無名氏

古詩十九首　文選作二十首分東城高且長燕趙多佳人爲二首今文選亦皆作十九首此據明人張鳳翼所刻

行行重行行與君生別離相去萬餘里各在天一涯道路阻且長會面安可知一作期胡馬依北風越鳥巢南枝相去日已遠衣帶日已緩浮雲蔽白日遊子不顧返思君令人老歲月忽已晚棄捐勿復道努力加餐飯　玉臺枚乘第三 陸氏第一　方云往復曲折

青青河畔草鬱鬱園中柳盈盈樓上女皎皎當窗牖娥娥紅粉粧纖纖出素手昔爲倡家女今爲蕩子婦蕩子行不

⊙古詩選內文首頁

方云此詩凡三層皆空中轉換

遠望悲風至對酒不能酬行人懷往路何以慰我愁獨有盈觴酒與子結綢繆　文選此第二首

無名氏

擬蘇李詩二首　男闓生謹案先公點定諸篇題上加圈爲記餘篇先公所不選者以姚姬傳圈識補之以便學者後放此

晨風鳴北林熠燿一作熠熠東南飛願言所相思日暮不垂帷明月照高樓想見餘光輝元鳥夜過庭髣髴能復飛褰裳路踟躕彷徨不能歸浮雲日千里安知我心悲思得瓊樹枝以解長渴飢

紅塵蔽天地白日何冥冥微陰盛殺氣淒風從此興招搖西北指天漢東南傾嗟爾窮廬子獨行如履冰短褐中無

河岳英靈集二卷

唐殷璠編著

光緒四年遼陽賴氏揚州寫刻本

著名盛唐詩選本，所謂唐人選唐詩者。此書入清後別無刊本，此本卷首牌記鐫『光緒戊寅秀水高行篤據獨山莫氏藏本手書，遼陽賴豐烈校栞於揚州』。高氏書法峻峭秀麗，揚州刻工雕字至精至妙，致此本美輪美奐，頗爲耐人品味，而世間傳佈不廣，今更難得一遇。

版框高一二八毫米，寬九七毫米。白口。

仿宋本河岳英靈集

二卷

光緒戊寅秀水高行篤據獨山莫氏
藏本手書遼陽賴豐烈校栞于揚州

河岳英靈集上

常建

高才而無貴仕誠哉是言曩劉楨死於文學左思終於記室鮑昭卒於參軍今常建亦淪於一尉悲夫建詩似初發通莊却尋野徑百里之外方歸大道所以其旨遠其興僻佳句輒來唯論意表至如松際露微月清光猶爲君又山光悅鳥性潭影空人心此例十數句並可稱警策然一篇盡善者戰餘落日黃軍敗鼓聲死今與山鬼鄰殘兵哭遼水屬思既

篋衍集十二卷

清陳維崧編著

康熙三十一年寫刻本

是書選編清初名家詩作，分體排次，世稱擇取精當。惟於乾隆年間入《軍機處奏准抽毀書目》，謂『錢謙益、屈大均等詩篇俱應抽毀』。此本錢、屈二人詩作俱存而未去，尚是未遭抽毀印本，存世尠少。鈐『別下齋印』白文方印，乃道咸間藏書名家蔣光煦舊藏。有業師黃永年先生題跋，蓋先生持以相贈者。

版框高一五六毫米，寬一二八毫米。黑口。

⊙箧衍集内封面

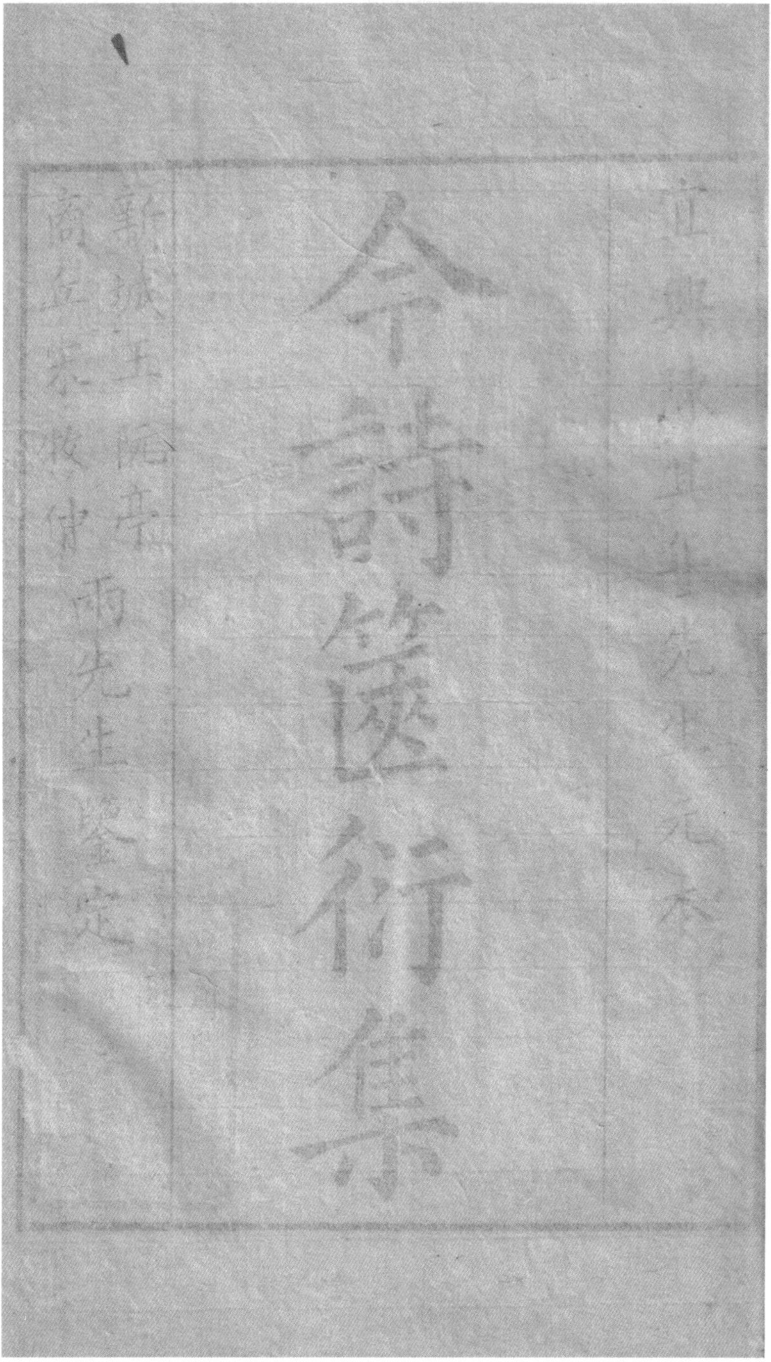
宜興陳其年先生元本
今詩篋衍集
新城王阮亭
商丘宋牧仲 兩先生鑒定

古人說詩不一家若劉勰鍾嶸殷璠嚴羽洎近代昌穀徐氏予皆有取焉若齊己詩格謝榛詩說則無取乎爾故諸經皆有故訓而善說詩者唯以意逆志自得於永言聲律之表此物此志也唐人選詩自英靈間氣諸集猶存古意不必篇目之衆多也至鼓吹三體以來浸失之爾後得其旨者如楊升菴之明詩楊夢山之弘正詩顧玄言之國雅辟諸清廟朱弦獨聞疏越其去淫哇嘈囋之音固有辨矣順治末南城陳伯璣嘗續國雅意存矜慎予讀而善之嘉其始而勗其終伯璣不能從也錢牧

篋衍集卷第一

五言古詩

錢澄之 飲光一名秉鐙字幼光江南桐城人著有田間集

田園雜詩二首

一春勤稼穡草木荒東園今晨始芟刈逝將除其根良苗常恐短惡草常苦緐腰斧伐荊棘用以衛籬藩荊棘傷我手淋漓手中痕手傷不足道籬弱何以存家人挈酒至滿斟在瓦盆勸我飲一醉頹然卧前軒前軒無人來春風開我門

雞鳴識夜旦鳥鳴識天時東皋人有聲我起毋乃

篋衍集卷第三

五古長篇

五古長篇樂府推焦仲卿妻作有唐則惟杜陵北征昌黎南山二章爲絕後空前之作宋時臨川山谷雖間有長篇筆勢終不逮也附記於此

錢謙益

受之江南常熟人官禮部尚書著初學集有學集

渡淮聞何三季穆之訃

今年罷官歸太歲在乙丑端陽發潞河盛夏過界首家童遠來迎衝炎送糧糗山妻書一紙頗問平安否楮尾一二行欹斜字難剖似言旬月間失我平生友摩挲以爲無瞪視良復有熨眼添昏花撞胸類杵臼呼童細問之老淚迸如霤吾友生東海

德勇同学嘗以配補亭林遺書一
部此文集是初印本讀清書籍者見
珍近許歸寒齋因檢贈篋藏原刻篋
衍集以相抵此集入軍機處抽毁書
目傳本實少卷首有别下齋印記
則猶是道咸时藏書家蔣光煦故物
德勇其珍護之
辛巳中秋黄永年題記

湖海詩傳四十六卷

清王昶編著

嘉慶八年刻本

選錄清詩六百一十四家，每人各繫以小傳。王氏自言有清『百餘年中，士大夫之風流儒雅與國家詩教之盛，亦可以想見其崖略，或不無有補於藝林云』，所說恰如其分。此書刊刻精整，亦清刻本中佳品。

版框高一八三毫米，寬一三四毫米。黑口。

嘉慶癸亥鐫

湖海詩傳

三泖漁莊藏板

⊙ 湖海詩傳內封面

急爲傳世也因屬同志編排前後復稍加抉擇要不失乎古人謹慎之意共得六百餘人編四十六卷以科第爲次起於康熙五十一年迄於近日其間布衣韋帶之士亦以年齒約畧附之而門下士并附見焉視感舊篋衍二集多至一倍有奇亦云富矣間以遺聞軼事綴爲詩話供好事者之瀏覽雖非比于知人論世而爲懷人思舊之助亦庶幾元結諸公之遺至于往時盛有詩名而爲投契所未及者則姑置之蓋非欲以此盡海內之詩也然百餘年中士大夫之風流儒雅與國家詩教之盛亦可以想見其崖畧或不無有補於藝林云嘉慶癸亥中秋王昶書

湖海詩傳卷一

青浦王　昶德甫輯

程夢星

字伍喬又字午橋江都人康熙五十一年進士官編修

有今有堂集

蒲褐山房詩話先生淡於榮利自丁內艱歸終身不出築篠園並漪南別業讀書偃仰其中竹西故南北衝途往來達謁者必為流連主詩壇幾數十年詩兼法唐宋而雅好在玉溪生以寄漸異往來精[illegible][illegible]發汁其集中句如碧流似帶環雙峽青嶂如屏抱一村十里煙深因近水一年秋早為多山荷風日浮輕幔羅綺香多過別船女鸞宿草綠春綠古渡斜陽照水紅軒因借竹三間小樓為看山四面覓一院雨聲留客後半窗梅影上鐙初滿塢雲深紅杏雨一溪煙淡綠楊風花落尚攜沽酒檣潮來爭泊賣魚船皆清麗可誦予少客竹西暇日過從門庭蕭寂鬥茶說餅仰其風貌不啻孤雲埜鶴也

五見樓詠五首

鹿門子以五瀉舟華頂杖太湖研烏龍養和訶陵尊贈昆陵魏處士作五見詩余齋中無長物有洪源方

七言律詩鈔十八卷

清翁方綱編著　楊鍾羲批注

乾隆四十七年刻本

此書選鈔自唐迄元一百零九人所作七言律詩七百六十七首，歙人曹振鏞爲之刊行於世。書中多墨筆批注與牙章朱圈。鈐『留垞』朱文橢圓印、『漢軍鍾廣』及『芷晴隨身書卷』白文方印、『遼陽楊氏世家』朱文方印等印，知屬清末文人楊鍾羲批點本。蓋鍾羲又名鍾廣，此乃楊氏用功之書，殊珍貴。

版框高一九八毫米，寬一五一毫米。黑口。

七言律詩總目

大興 翁方綱 鈔

七言律詩卷第一　初唐

大興　翁方綱　鈔

賈舍人曾一首

奉和春日出苑矚目應令時為太子舍人使在東都作

銅龍曉闢問安迴金輅春遊博望開渭北晴光搖草樹終南佳氣入樓臺招賢已得一作從商山老託乘還徵鄴下才臣在東周獨留滯欣逢一作叨承睿藻日邊來

蘇文憲頲三首

奉和春日幸望春宮應制

石州詩話自杜公而外東川七律有唐詩人莫之與京徒以李滄溟揣摹格調幾嫌太熟並東川之妙自非滄溟所能襲也

姚云綦毋潛以集賢殿書院校書授宜壽尉盖薄尉職而去之歸南康宜壽即盩厔縣之故曰大邑而尉則黃綬矣時明皇居東都故曰去洛陽唐制選人吏部注擬送門下省是一

三邊曙色動危旌。沙場烽火連胡月。海畔雲山擁薊城。少小雖非投筆吏。論功還欲請長纓。

李東川 頎 六首

寄司勳盧員外

流澌臘月下河陽。草色新年入一作發建章。秦地立春傳太史。漢宮題柱憶仙郎。歸鴻欲度千門雪。侍女新添五夜香。早晚薦雄文似者。故人今已賦長楊。

寄綦毋三

新加大邑綬仍黃。近與單車去洛陽。顧眄一過丞相府。

四婦人集四種各一卷

唐薛濤等撰

嘉慶間雲間沈綺雲精刻本

四婦人者，乃唐魚玄機暨薛濤、宋寧宗楊后及元人孫蕙蘭，各有詩作一卷。沈氏初在嘉慶十五年據黄丕烈所藏善本重刻前三人詩集，黄氏且代爲校讎付梓，藏家或以『唐宋婦人集』統名之。沈氏卒後，其弟得孫蕙蘭詩集鈔本，於嘉慶二十四年復請黄氏續刊，與前三種並行於世，世人習稱『四婦人集』。此書刊印俱極精雅，堪稱神品。

版框高一六七毫米，寬一一六毫米。白口。

唐女郎魚元機詩

宋本重刊

唐女郎魚玄機詩

賦得江邊柳

翠色連荒岸煙姿入遠樓影鋪秋水面花落釣人頭根老藏魚窟枝低繫客舟瀟瀟風雨夜驚夢復添愁

贈鄰女

羞日遮羅袖愁春懶起粧易求無價寶難得有心郎枕上潛垂淚花間暗斷腸自能窺宋玉何必恨王昌

寄國香

薛濤詩

明本重栞

薛濤詩

五言律詩

酬人雨後翫竹

南天春雨時那鑒雪霜姿衆類亦云茂虛
心寧自持多畱晉賢醉早伴舜妃悲晚歲
復能賞蒼蒼劾節奇

五言絕句

春望詞四首

楊太后宮詞

宋鈔本重刊

楊太后宮詞　潛夫輯

瑞日曈曨散曉紅乾元萬國珮丁
東紫宸比使班纔退百辟同趨德
壽宮

元宵時雨賞宮梅恭請光堯壽聖
來醉裏君王扶上輦鑾輿半仗點

緑窗遺藁

鈔本重栞

緑牕遺藁

牕前柳

牕裏人初起牕前柳正嬌捲簾衝落絮開鏡見垂條坐對分金線行防拂翠翹流鶯空巧語倦聽不須調

試茗

小閣烹香茗踈簾下玉鈎燈光翻出鼎釵影倒沈甌婢捧消春困親嘗散暮愁吟詩

往年沈君綺雲有唐宋婦人集之刻皆借本於余家而余爲之校讐付梓者也復欲刻斷腸集以儷之一時苦無善本遂不果行及余購得元刊注本而綺雲已歸道山未竟此事人咸惜之頃其令弟十峯訪余以緑牕遺藁屬爲付梓云是鈔自平湖錢夢廬家藏本余以元詩選校正誤字入刻刻垂成十峯又從四朝詩選及宋元詩會

湘南三客吟三種各一卷（殘）

清施瑮等撰

康熙刻本

存二種，計二卷。

此書收施瑮、陳某（號東邨）、成文昭三人客寓湘南期間詩作，分別名爲《剩愚詩鈔》、《東邨詩鈔》、《石潭詩鈔》。康熙三十八年，由同樣客居湘南的南州人龔纓錄爲一帙，或即稍後由龔氏刊刻成書。此本雖闕佚陳某《東邨詩鈔》，然因該書極爲罕見，一向未見著錄，余亦珍重儲之。

版框高一六五毫米，寬一二五毫米。白口。

湘南三客吟

目錄

湘南三客吟

宣城　施珻　每玉

感懷示彭元叔徐枚公

逝水莽今昔咄哉無窮期一海滙衆流其意將奚爲天地有闔闢早夜姝姼歡悲修鱗縱巨壑弱羽愁危枝人生苟得已漭漭繄何之海濶水故赴不則當西馳

又

秋風作晩蕐春事殿殘蘂梅號鬧雪開蓮愛凌波灼榮落各有時委致詎能約傲骨鍛不柔脂

湘南三客吟

大名　成文聦　鈍農

幽居

夙生寡所諧居幽發淡省神入理以全念澄慮方屏素扉掩長日一榻窗闥囧坐枝鳥聲寂亞簾苔色靜我適物自閒瀟灑卷帙整孤懷邈焉託茶香和況永亭午春煙明徐行背階影晴絲罥衣裾疎花媚暄靚行當念徂春撫時欣遠憬

曉起

雨後天氣佳夢回失春曉起起復欹枕靜意入

西湖竹枝詞二卷

明佚名編著

道光七年朱存孝（象賢）輯刻《一枝軒四種》巾箱本

此書編選元明間人吟詠西湖景色之竹枝詞，或名《西湖竹枝集》，舊題楊維楨輯録。惟其書首列楊氏己作，古人著書，似無是理，容日後詳考。此題作《西湖竹枝詞》者内容較爲簡略，沒有他本之作者小傳與評議，似較原始。又其書僅此《一枝軒四種》一刻，復極爲罕見。

版框高一〇二毫米，寬七一毫米。下黑口。

⊙西湖竹枝詞內封面

西湖竹枝詞總目

上卷

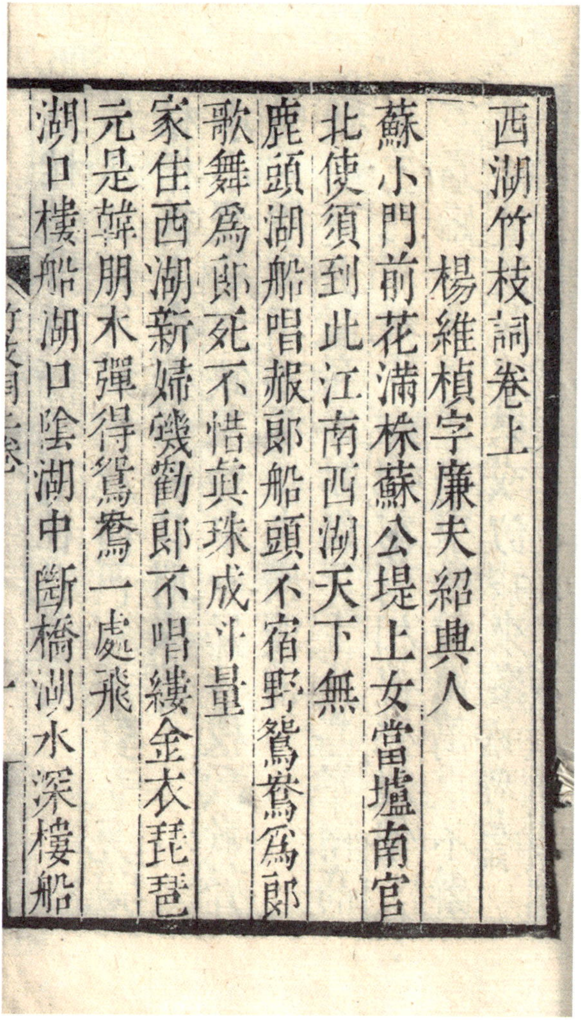
西湖竹枝詞卷上
楊維禎字廉夫紹興人
蘇小門前花滿株蘇公堤上女當壚南官
北使須到此江南西湖天下無
鹿頭湖船唱赧郎船頭不宿野鴛鴦爲郎
歌舞爲郎死不惜真珠成斗量
家住西湖新婦磯勸郎不唱縷金衣琵琶
元是韓朋木彈得鴛鴦一處飛
湖口樓船湖口陰湖中斷橋湖水深樓船

⊙ 西湖竹枝詞內文首頁

泖溪詩存二卷

清馮景元編著

光緒二十五年寫刻本

常熟白泖鎮，長江支流白泖塘流經其地，人稱『泖溪』。此《泖溪詩存》乃編錄南宋末年以來當地詩人之作，每人各繫以小傳，彙以成書，是研治江南市鎮的珍貴史料。《販書偶記》正續編俱未著錄，頗罕見。此本且爲初印佳本，寫刻精雅，更值得珍重。

版框高一八三毫米，寬一二三毫米。白口。

茆江詩存

⊙ 泖溪詩存內封面

光緒己亥

八月鐫板

泖溪詩存卷上

同里 馮景元靄堂編次

徐家駒逸騏參訂

李寅心孚 馮華奎星圖 陸寶樹枝珊 汪貢伯琛 同校

顧高士細二

細二佚其名以字行其先本邑人宋時官於浙家上虞之西華里博通經史精天文地理之學尤長於詩歌及元代宋薦授海漕萬户不屈遁歸邑東之補溪即今之芙蓉莊也詩

海豐吴氏文存四卷（殘）

清吴重憙編著

宣統二年刻試印様本

存吴自肅、吴象寬文各一卷，計二卷。

此本雖僅存吴自肅、吴象寬文各一卷，但書口處僅刻出魚尾，其餘俱存墨版，未剔未刻，文中亦頗存墨釘，乃最初試印様本，殊難得。又版框外右上角刻『文存幾』，左上角刻本版字數。

版框高一七〇毫米，寬一三一毫米。

申詳萬載縣地方情形文 康熙十五年

吳自肅

爲瀝陳殘邑情形懇賜軫恤以存孑遺事竊惟萬載古稱上疲非自今而已然自康熙十三年春人禍將興天災先作上鄉白水一帶忽被異常水災衝山破峽蛟龍並出各村廬舍浪滾萍漂男婦溺死滿川蔽野田畝化爲川澤當即勘實具申不意天災未甯寇亂繼起宜春棚寇朱益吾等因吳逆竊踞湖南承問跳梁聚衆盈萬領受僞職戕害居民雖渠魁授首不移時而餘孽朱君平等繼起颺燄日甚九月初旬自鐵山界株樹鎮擄掠而來殺人盈野哭聲載路萬載兵少城單卑職只得單騎詣郡哭師請援而賊

奏雅世業不分卷

清來集之編著　康熙前期刻本

來集之浙江蕭山人，崇禎十三年進士，明亡後仕職南明，係明末名臣。此集匯錄來氏本人及乃孫燕雯場屋試論表策之文（燕雯與試，自已入清，乃在康熙年間），一向未見著錄，極爲罕見；對研究明清間科舉制度，也具有重要史料價值。惟據毛奇齡序，同時所刻似尚有集之曾祖來日升與試諸文，而此本無之，似有闕佚。書口下鐫『倘湖小築』，來集之自號也。

版框高一八〇毫米，寬一三九毫米。白口。

敘

韓退之自言就禮部試强顏爲文辭類優俳者之所爲歐陽永叔與人書少舉進士輒穿鑿經傳移彼就此必多所更變始自成立以彼二公瓌材與愚齊其所學宜無不得於有司而顧拂情抑志大貶其生平以求一當甚矣制舉之難爲也雖然必其上之不以所學求而下之亦不以所學應耳使韓子爲有司而歐陽子舉進士第必兩無是說余鄉來三峯先生以家學發跡

倘湖小築

○○○敬乃聖門第一義論　　來集之

爲學有次序而作聖有根基蓋得其一而萬事畢也人心至虛也亦至靈也升而漸高或聖賢矣流而漸下或庸妄矣仁至義盡通乎神明猩猩鸚鵡不離禽獸階等相懸十百千萬渺焉寸心若是乎其不可方物哉然淫麗娛好從外而入者每處其有餘必有所持之于內而外者得以有所堅拒而不爲之汩緣中和理道從內而出者每處其不足必有所操之于外而內者得

以德教民得其心　來燕雯

南面而臨天下而欲使天下之人喁喁然嚮風慕義者不求諸人而求諸道其即爲治之本乎夫道者操之至約推之至宏不過日用常行之端而已得發邇見遠之用不出修身齊家之事而可寓化民成俗之機蓋以道治天下者不以一人之道治天下而以天下共有之道還天下使天下自治也第道雖天下所共有而不得其所以行則道不見得其所以行而不以一人先

李貞烈孫少君輓詩一卷

清張步瀛編著

康熙三十九年刻本

病故少婦孫少君，係清初河北大儒孫夏峰曾孫女，嫁給皖人李煥元僅一月，其夫即患病不起。孫氏吟句『人生自古誰無死，留取芳名萬載傳』，殉夫而去，人稱貞烈。時李煥元父用楫任安慶府同知，煥元與少君即卒於此地。此集乃安慶府士紳所徵集輓詩，潛山知縣張步瀛輯印成書，至爲罕見。前有戶部尚書張玉書及禮部尚書張英序。

版框高一七二毫米，寬一二九毫米。白口。

殿大學士兼戶部尚書京江
張玉書題

張玉書印

大學士章

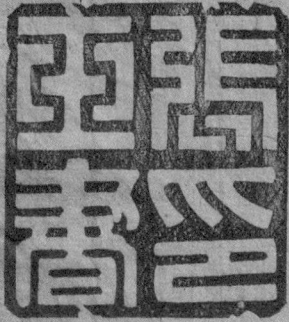

貞烈輓詩序

古之誌方輿者既詳其山川人
物而繼以貞婦賢媛如皖郡志
載漢建安時廬江焦仲卿妻爲
母所逼赴水死仲卿亦自縊後

李貞烈孫少君輓詩

五言律

太史 倪兆鰲 鄞縣

勁節昭泉壤，從容人所難。居然紳佩烈，不作帨鞶看。
湘水啼痕濕，清風碧血寒。樂安家學遠，芳問重琅玕。

侍講 彭會淇 溧陽

理學清門舊，鞶絲節義存。青燐留浩氣，碧血表貞魂。
啟口香凝篆，遺容久尚溫。芳名知不朽，真可壽乾坤。

修撰 胡任輿 上元

清尊集十六卷

清汪遠孫編著

道光十九年錢塘振綺堂精刻本

汪遠孫號小米，家饒資財而喜聚賓客。此乃其邀集友朋命題吟句之集。當時定例，乃賓主八人輪值其會，而前後參與其事者多至數十人。卷首吳德旋序稱『浙東西千里間知名之士以及寓公過客之嫺吟者咸在』，讀之可睹一時文士交遊情狀。此本刊刻精美，白紙佳印，殊難得。

版框高一八二毫米，寬一三〇毫米，黑口。

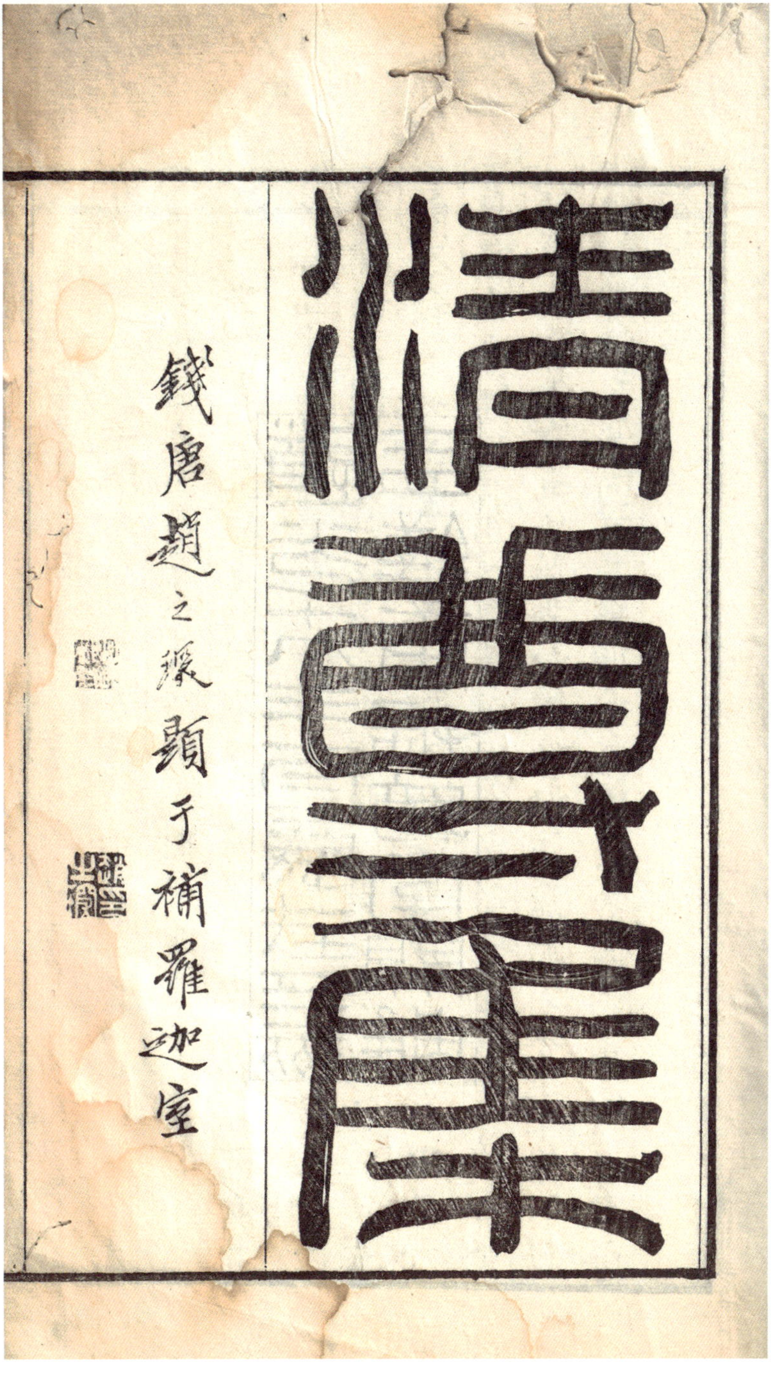

清尊集

錢唐趙之琛題于補羅迦室

道光十六年亯歲在壬辰
吾錢唐振綺堂開雕

⊙ 清尊集內文首頁

清尊集卷一

雨中集小米半潭秋水一房山觀瀑 甲申

胡敬并引

屋三楹中甃爲池四圍壘石幾滿高者際檐引檐溜從壁閒暗注石罅值暴雨檐溜自石罅噴薄瀉入池中聲若霆砰濺同霑散洵奇觀也

看山看水嬾出郭借君園林卧游足君家山水太崛奇不貯園林貯軒屋奇峯環列虛其中有軒橫跨池中通前池屋覆後池敞碧沙文石魚浮空我來恰逢梅雨注冒雨招看飛瀑處書生快意在一時翹首呼天雨休住大龍湫小龍湫池分高下彎環流石梁瀑石門瀑天台括蒼景交錯銀河倒瀉水千斛此水原

延秋小集一卷

清葉樹枚編著

道光四年刻本

此古代無聊文人之所謂『雅集』。主人葉樹枚，江蘇吴江人。此前某次結社，已有《古芸舍人碧羅吟館唱和集》之編刻，自言『固已膾炙人口』。此番集會，在道光四年仲秋時節，與會者有周辰吉、馬德馨、馬沅、馬鴻寶、馬鴻賓、查奕慶諸人。此本《販書偶記》正續編俱未著録，甚罕見。

版框高一七〇毫米，寬一二八毫米。黑口。

延秋小集

古芸舍人碧蘿吟館唱和集固已膾炙蓺林今年二月始過桐谿小住旬日芳春未半勝侶偕來吟讌復開蠻牋疊寫于是又有二集之刻秋間重游珂里令嗣少谷次芸文課之餘寄情聲韻壎先箎後機倡雲賡僕亦強拈禿管勉逐同人旣聯老鳳之羣復入小鷗之隊爰綴一言以爲引端道光四年甲申中秋後三日吳江葉樹枚漑翁甫識

葉樹枚 漑翁

最好秋光吠蛤天花開一色白于棉不同蔬果品原貴

南藤雅韻集 一卷

清王鎮編著

道光二十二年刻本

作者於道光十八年出任登萊青道道台，因道署南有數百年古藤多株，王氏廣徵交遊賦詩，編爲此集。此書《販書偶記》正續編俱未著録，甚罕見。

版框高一八九毫米，寬一四〇毫米。白口。

南藤雅韻集

七古 庚子仲秋登州作

撫東使者 托渾布 愛山

簾開晝靜占風烏一瓻就人徵異書當秋海月倍光潔堂陰惜未栽桐且朝來讀君古藤記髣髴坐我藤花廬婪尾宴澆金帶舒浴蠶潑火嬉春餘山縣與甿訟庭僻隔林嬌鳥歌提壺斯時老藤劇嫵媚枝枝葉葉相扶疎礌砢英多足根器繽紛馥郁薔鄂跗蔚如蒼龍奮晴漢翩若紫鳳驕天吳蜨蜂當午亂衙鼓燕雀經雨窺階除最宜賓從集觴詠安得櫻筍羅兵廚使君風雅今韓蘇花前日日拈吟鬚摩挲歎賞欲留影畫本今之南唐徐

雁山遊草 一卷

清方鼎銳、郭鍾岳著　同治十年溫處道署刻本

方鼎銳江蘇儀徵人，因官浙江溫處道，別署『雁山主』或『雁蕩山主』；郭鍾岳江蘇江都人，別署『天倪子』。同治十年三月，方氏邀郭鍾岳來溫州，同遊天台，郭氏寫有《雁山遊覽記》，另有兩人唱和詩題曰《雁山題詠》，合之，印成此書。此書手寫上版，字體極具風韻。甚初印，《販書偶記》正續編均無著錄，極罕見。內封面鈐『鼎銳之印』白文方印』、『雁蕩山主』朱文方印。

版框高一九六毫米，寬一三一毫米。白口。

雁山游艸

郭鍾岳書耑

⊙ 雁山遊草內封面

同治辛未夏
四月開雕版
藏溫處道署

雁山遊覽記

雁山主參定　　天倪子述

有可必者有不可必者有可必而不可必者有不可必而可必者釋氏每以緣論之信有之矣天倪子之始來溫州也知雁蕩之勝往游謂可必也八年秋雁山主觀兵于沙角山歸游雁蕩遂者甚衆天倪子不果遂此可必而不可必矣越明年天倪子回武林意尋來溫州將游雁蕩此不可必也十年春雁山主由寧紹台使者回

横江酬唱詩鈔 一卷

清廖鼎璋編著

光緒後期刻本

作者嶺南人，嘗任江西崇義知縣十年。光緒十四年。在縣令任上年滿花甲，同時孫兒滿月，賦七言律詩四篇，以爲慶賀。於是賓朋親友暨門生弟子紛紛和詩酬唱，具體時間有遲至五六年後者，廖氏於卸任後彙編爲此書。印本傳世絕罕，《販書偶記》正續編俱未著録。

版框高一六八毫米，寬一〇五毫米。白口。

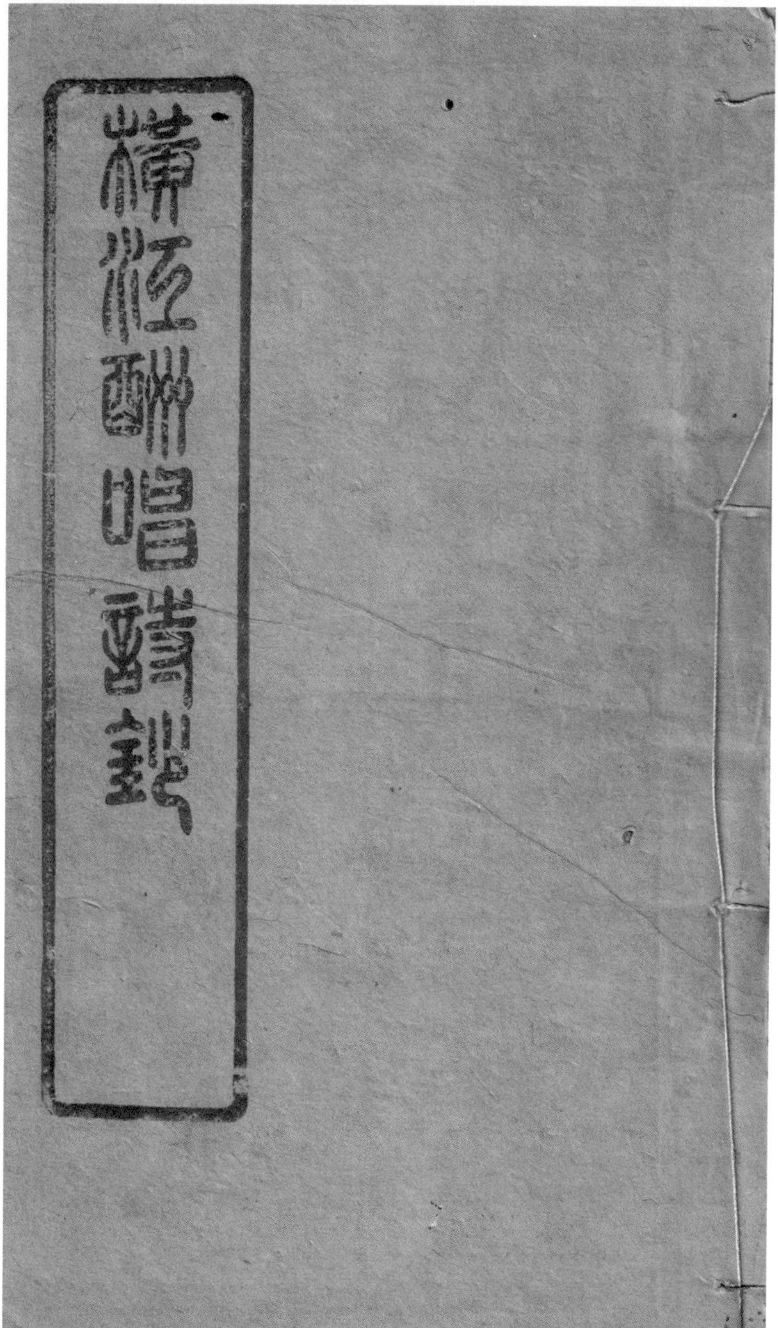

⊙ 横江酬唱詩鈔書衣

戊子仲夏余花甲初周並小孫彌月叨
諸僚友僧紳庶先十日稱觴慶祝偶吟七律四章敬鳴
謝悃非敢云詩亦聊以誌美意於弗諼耳

懷城廖鼎璋韞珊

甲子初周事本常周而復始願無疆朋僚寵錫延年
酒紳庶齊登祝嘏堂鴈序疊同眉壽永鶴籌算並纓
絲長一時欣得羣仙會紉佩高情定不忘
庭蘭喜見長孫枝正值雲堂佛浴時此日含飴聊自

刊布善詩（仁憲新刊勸善等書幾百部如咸應篇六訓聖諭解三聖經詩玉堂清賞諸詩詠諷之餘感發不少）

素有殷懷振士民惟詩較易啟天真遂合剞劂紛紛鏤為導黔黎一一遵朝夕長吟神聖句農商齊釀吉祥身（時聞吟詠詩解中心知所敬憚敬憚常懷災禍自遠驅釀久之故齊得吉祥之身）太和洽處幽衷洽豈僅橫江一派均（所列大抵都是詞條豐蔚甚足以動心駭聽故鄰邑聞之託人領取者亦復不少）

施棺助貧

詠物七言律詩偶記一卷

清翁方綱編著　嘉慶十一年京師刻本

翁氏以爲『七言律詩，詠物尤難，雖古今名家集中不多遘也。蓋用意刻琢，易於傷格；而專講超脱，又未能恰到彀中。此事自關性情學問矣，然由不得但恃性情學問，遂謂能盡其能事也』。於是檢讀唐宋以來諸家詩集，博觀約取，編爲此書，以示其範。此本甚初印，清爽鮮亮，殊難得。鈐『處園珍藏』朱文方印與『介休岳氏』白文方印，曾在近世晉人岳鴻舉處。

版框高二四一毫米，寬一六〇毫米。黑口。

詠物七言律詩偶記

大興　翁方綱

詠物七言律詩在初唐如武考功平一（立春內出綵花樹應制）三四句黃鶯未解林間囀紅蘂先從殿裏開

全篇則王右丞（敕賜百官櫻桃）芙蓉闕下會千官紫禁朱櫻出上闌纔是寢園春薦後非關御苑鳥銜殘歸鞍競帶青絲籠中使頻傾赤玉盤飽食不須愁內熱大官還有蔗漿寒

杜詩（和裴迪登蜀州東亭送客逢早梅相憶見寄）東閣官梅動詩興還如何遜在揚州此時對雪遥相憶送客逢春可自由幸不折來傷歲暮若為看去亂鄉愁江邊一樹垂垂發朝夕催人自白頭

詠物詩不分卷

清趙雲鶴等撰

光緒十三年退齋刻本

此集收錄趙雲芬、趙雲鶴、朱慶鏞、時寶賢四人詠物之詩，前三人皆江蘇泰州人，時氏則江蘇真州人。白紙初印，字體工整。《販書偶記》正續編俱未著錄，至爲罕見。

版框高一六一毫米，寬一〇三毫米。白口。

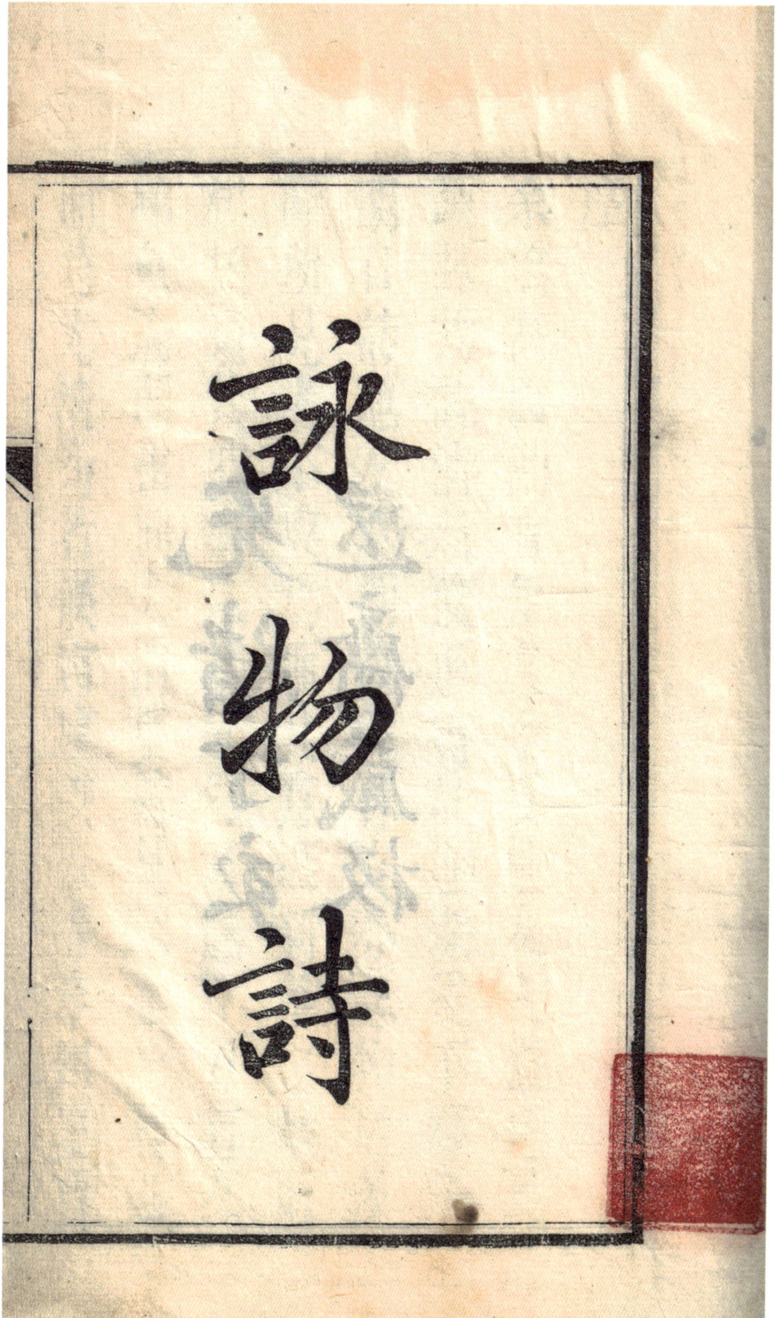

詠物詩

光緒丁亥
退齋藏板

漢宮虞美人

秦州趙雲芬小漁

奈何歌罷托芳根回首香流永巷門勝國
嬪嬙粧妒色反顔兒女血遺痕儘教蠟燭
垂寃淚底事烏江縮怨魂太息此花忘節
烈栽培竟忍受新恩

魏營諸葛菜

能使曹兵飯不忘儲胥環繞紫花香奸雄
也學躬畊事丞相繇增手澤光賦壘風華

唐人五言排律選十卷

元李存編著

康熙間寫刻本

『試帖詩』專用於科舉考試，又稱『試律』，多限以五言八韻或五言六韻的『排律』形式。是書編選於元仁宗延祐二年之前，是目前所知存世年代最早的『試帖詩』選本，『排律』一名亦最早見稱於此書。康熙五十四年朝廷擬議在科舉考試中重用試帖詩，世間書坊聞風而動，紛紛編刻各種試帖詩指導讀物，此書當屬其中之一。此本寫刻精雅，傳世極罕。

版框高一二四毫米，寬一三八毫米。白口。

第二卷下

試帖

唐人五言排律選第一卷

元李矣菴先生　選定

玄宗皇帝詩

千秋節宴

蘭殿千秋節稱名一作君萬壽一作歲觴風傳率土慶日表繼天祥玉宇開花萼宮一作金縣動會昌衣冠白鷺下帝幕翠雲長獻遺成新俗朝儀入舊章月銜花綬鏡露綴綵絲囊處處祠田祖年年宴杖鄉深思一德事小獲萬人康

春中興慶宮酺宴

九達長安道三陽別館春還將聽朝暇迴作豫遊晨不戰

唐人五言排律選第六卷

元李竢菴先生　選定

杜甫

冬日洛城北謁玄元皇帝廟

配極玄都閟憑虛一作高又作空禁禦一作籞長守祧嚴具禮掌節鎮非常碧瓦初寒外金莖一氣旁山河扶繡戶日月近雕梁仙李盤根大猗蘭奕葉光世家遺一作隨舊史道德付一作冠今王畫手看前輩吳生遠擅場森羅移地軸妙絕動宮牆五聖聯晉作連龍袞千官列一作引雁行冕旒俱秀發旌旆盡飛揚翠柏深留景紅梨迥得霜風箏吹玉柱露井凍英華

五言排律輯要六卷

清吳元安編注　康熙年間江西三多齋書坊刻本

此書亦康熙五十四年朝廷擬議考試試帖詩後書坊編刻之助考讀本，今已罕見難求。其書編刻於江西，而元代最早編刻試帖詩集的李存即爲江西安仁人。清前期北京琉璃廠書肆經營者多江西金谿人，緣其初興，也與江西人在京編刻八股文、試帖詩密切相關。此本内封面所鈐『江右三多齋校訂古今書籍經史時文於河南省鼓樓街書坊發兑』木記，亦江西書商興販於天下各地之實證。

版框高一八九毫米，寬一三八毫米。白口。

太保張大中堂鑒定

上元吳靜山彙輯

歷朝應制詩抄

分類五言排律附錄

江南覽勝七言排律

三多齋梓

皇上稽古右文涵泓博雅當今
之世既已雲蔚霞蒸彬彬
郁郁復須
新令益之以詩真可謂以一
人而兼數人之長以一朝

五言排律輯要卷之一

上元吳　元安　靜山　類註

御製

端午宴群臣武成殿 節序

唐太宗皇帝

端午臨中夏時清日復長禮記仲夏之月日長至鹽梅已佐鼎尚書若作和羹爾汝作鹽梅麴糵且傳觴事古人留迹指屈原年深縷積長類書造百索繫臂一名續命縷一名五色縷一名五色絲一名朱索又有條達等織組雜

拜經樓詩話 一卷

清吳騫撰

嘉慶三年刻本

此吳氏詩話最早刊本。書口下端鎸『愚谷叢書』，蓋後來彙印入吳氏所纂這一叢書，而此尚是初印單行之本，殊難得。書衣有墨筆題字云『原刻初印本/孫孟延藏誌』，此孫公乃晚近藏書名家，頗藏清刻佳本。吳騫浙江海寧人，此本字形乃典型清中期浙江地區方體字，殊耐品味。

版框高一七二毫米，寬一三一毫米。白口。

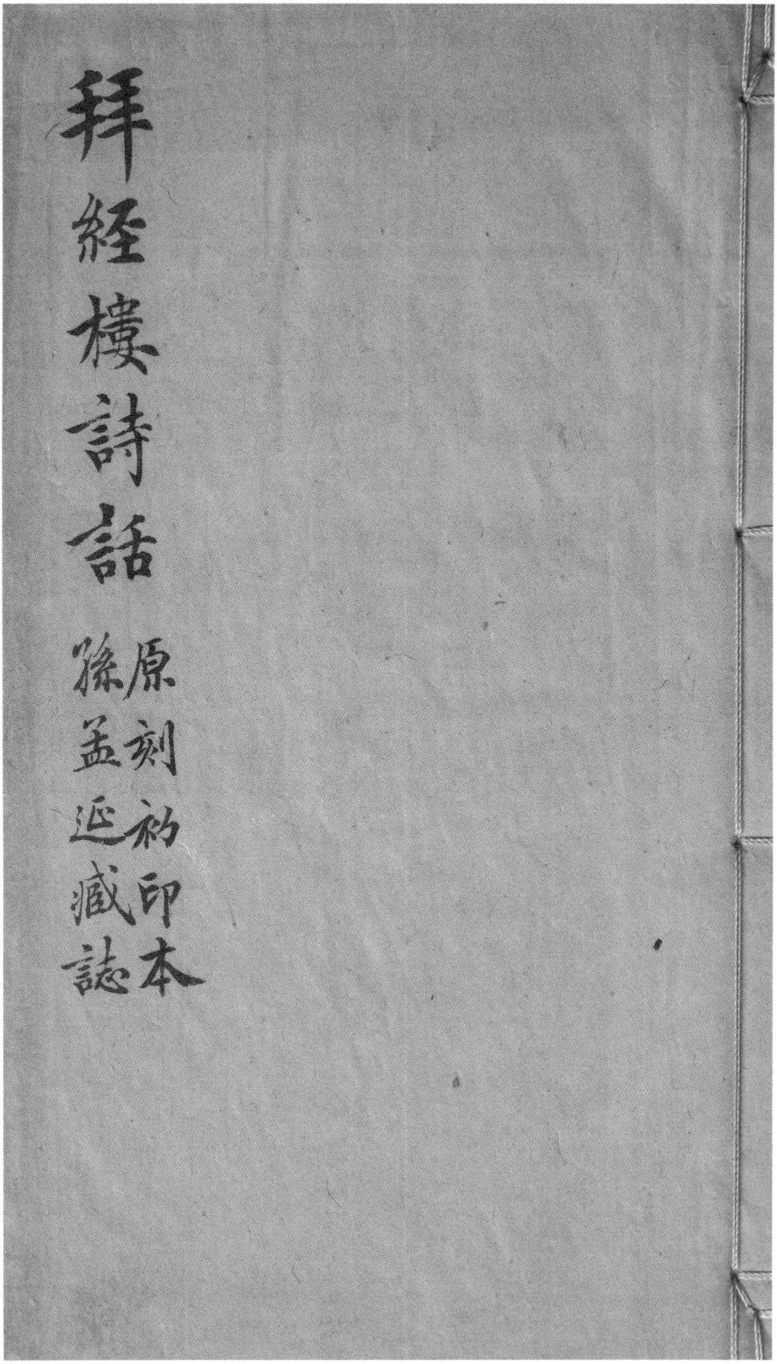
拜經樓詩話
原刻初印本
孫孟延藏誌

拜經樓詩話

拜經樓詩話卷之一

海寧　吳騫　槎客輯

蕺山先生嘗著大學古文參疑及古記雜言諸書其意頗尊信豐氏石經古文吾鄉前輩陳乾初先生山陰高弟也晚著大學辨一書同時若桐鄉張考夫山陰劉伯繩海鹽吳仲木仁和沈甸華諸君交遺書爭之而乾初殊不顧蓋自謂實有所承也乾初晚家泥橋流離坎壈中論著不輟每有所就輒設山陰先生位爲詩文而祭告之其集中載告山陰先生文曰明明我師雖死猶生我呼我號在天

制義綱目一卷

清趙國麟撰

約道光間刻本

是書專講八股制藝作法，書口下端鐫王紹周、何友仁等刻工姓名。刊刻工緻，初印。雖俗書，但對瞭解八股文寫作章法，具有重要史料價值，今已殊爲罕見。

版框高一六九毫米，寬一三一毫米。白口。

⊙制義綱目內文首頁

制義綱目

泰山　趙國麟　仁圃

論題二綱領　一曰題體　二曰題氣

題者文之體也文者題之用也體立而後用行故論文先論題題胡以有體曰理無形者也言有形者也以無形之理爲有形之言而體以生焉題又胡以有氣曰言有定者也意無定者也以有定之言傳無定之意而氣以行焉體載氣而氣寓體二者未嘗相離亦未嘗相混惟先明乎題之體則文之格局定更明乎題之氣則文之神理眞此遡流窮源之學也

五十七

清真集二卷補遺一卷

宋周邦彥撰

光緒二十六年精刻本

此鄭文焯校刊本。鄭氏晚近詞學名家，此集寫刻精雅，且書品寬大，殊足寶愛。篇末附補遺一卷，乃鄭氏考述周邦彥詞版本源流。鈐『徐恕私印』白文方印，知乃晚近湖北藏書名家徐恕（字行可）故物。

版框高一二七毫米，寬九四毫米。黑口。

題周美成詞

文章政事初非兩塗學之優者發而爲政必有可觀政有其暇則游藝於詠歌者必其才有餘辨者也溧水爲負山之邑官賦浩穰民訟紛沓似不可以絃歌爲政而待制周公元祐癸酉春中爲邑長於斯其政敬簡民到於今稱之者固有餘愛而其尤可稱者於撥煩治劇之中不妨舒嘯一觴一詠句中有眼膾炙人口者又有餘聲聲洋洋乎在耳側其政

清真集卷上

宋　周邦彥　美成

瑞龍吟

章臺路還見褪粉梅梢試華桃樹愔愔坊陌人家定巢燕子歸來舊處　黯凝佇因記箇人癡小乍窺門戶侵晨淺約宮黃障風映袖盈盈笑語　前度劉郎重到訪鄰尋里同時歌舞唯有舊家秋娘聲價如故吟牋賦筆猶記燕臺句知誰伴名園露飲東城閒步事與

清真集卷上　一

通顯於元豐之季哲宗一朝宦游南北多見諸詞崇寍內召名在樂官時已躬歷三朝迴翔近侍一麾江海終老青田至其詞賦知遇不可謂非遭際昌明而少壯至老蹤蹟所之即西平樂一敘亦略具顛末感歎歲月不啻自述其生平矣

光緒上章困敦之年大梁月既望叔問校竟附記

有正味齋詞集八卷

清吴錫麒撰

嘉慶十三年刻本

吴錫麒在清中期以工於詩詞知名。此本刊刻精整，審其鐫字風格，似與《有正味齋駢體文》、《有正味齋外集》等同時刊刻於京師。雖屬普通方體字，但在清中期京師刻本中堪稱精品，且原刻初印，今已難得一遇，值得鄭重庋藏。

版框高一九二毫米，寬一四〇毫米。黑口。

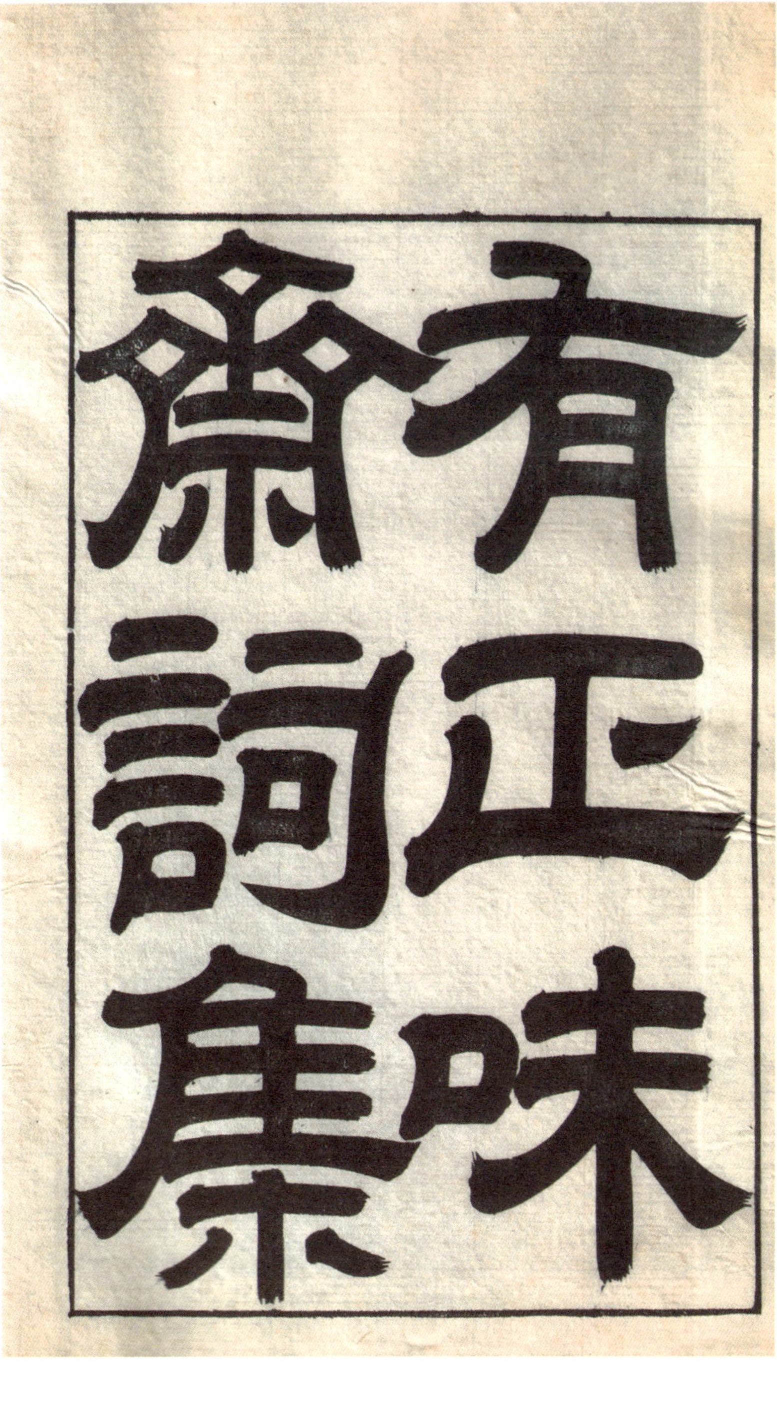
有正味齋詞集

⊙有正味齋詞集內封面

有正味齋詞集卷一

錢唐　吳錫麒　聖徵

佇月樓琴言一

菩薩蠻

簾鈎小颭春風裏薄陰畫就濛濛地花細落櫻桃不知人過橋露下蒼苔濕獨自單衣立燒了女兒香拜伊和影雙

水龍吟

夏晚趙氏西池納涼

舊時喬木依然一襟曾染詩人翠斜陽小立藕花飛夢夢涼如水過雨苔肥留煙石瘦俊游誰記待招來鷗鷺闌邊拍拍還識我垂竿子　漸釀新秋情味綯池心玻璃風起嘶蟬徑斷鬭蛩簾換幾消吟醉暗惜年華近來修竹已無題字但桃笙坐看青

好小妓傳杯老仙命句那時斜照歎風流不見雨冷烟荒裙腰路迷芳草　偏留隔水烟鬟恰平臨碧樹秀影迴拖不定江風吹酒外晚嵐飛悄認幾樹垂虹影裏隱隱燈船送歸早問向閒鷗舊時歌吹已荒涼多少

芳草鳳樓吟

文選樓

問何時蕭家帝子層樓來占巢痕能精文選理一時教授須策秘書勲丹黃今縱倦賸蠹魚燈火黃昏甚四面罘罳軟風吹滿游塵　休論翠華歸去冷螢飛照聽唱秋墳舊時紅袖在玉欄曾倚處已散氤氳綺羅都是夢只名流標格猶存看竹外涼峰畫翠書破江雲（大業拾遺記帝幸文選樓先命宮娥數十人升樓迎侍）

百宜嬌

種芸詞一卷

清馮登府撰

嘉慶道光間刻試印樣本

馮登府浙江嘉興人，嘉慶二十五年進士，官寧波府學教授。馮氏在道光初年刻有《種芸仙館詞》二卷，此《種芸詞》應爲初刻原本，卷次尚存墨釘待填。此書字體呈典型清中期浙江刻本風格，初印精整，至爲罕見，李靈年《清人别集總目》、柯愈春《清人詩文集總目提要》俱未著録。

版框高一五四毫米，寬一一〇毫米。白口。

穜芸詞卷一

嘉興　馮登府　雲伯

紫述花館體物集上

臺城路

秋草

池塘夢綠西風裏。詩情者番多少。斷砌蛩吟。殘根螢覆。昨夜江南秋到。躡春路杳。記暮雨清明。酒澆蘇小。隴笛聲中。吹成牛背夕陽照。　淒迷烟冷一片。認六朝金粉。舊恨都掃。青冢琵琶。白城箏築。無限荒堆

茗柯詞一卷

清張惠言撰

道光十年張琦宛鄰書屋刻本

張惠言係江蘇武進人，乃清代常州詞派始祖。書口上端鎸『箋易注元室遺藁』字樣，同時合刻有張惠言與胞弟張琦合編《詞選》二卷、張琦《立山詞》一卷。此本行世較稀，今已不易一見。

版框高一七五毫米，寬一三五毫米。白口。

⊙ 茗柯詞內文首頁

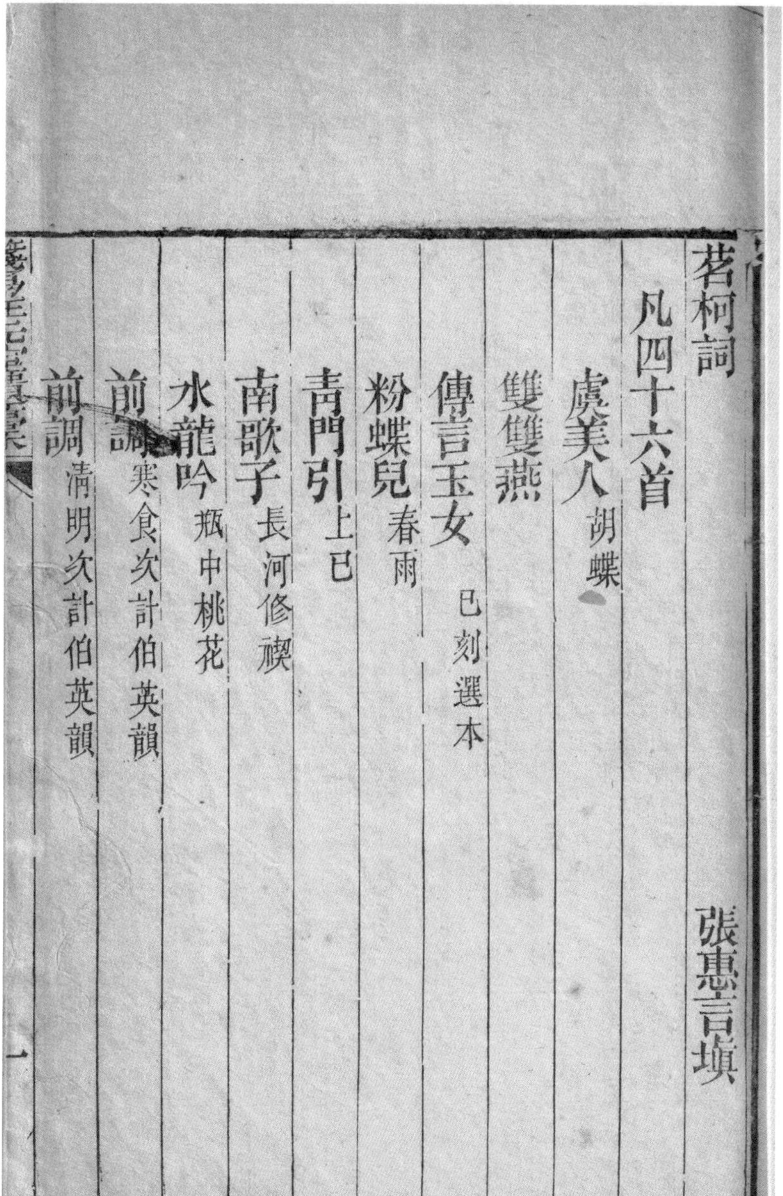

茗柯詞　　張惠言填

凡四十六首

虞美人　胡蝶

雙雙燕

傳言玉女　巳刻選本

粉蝶兒　春雨

青門引　上巳

南歌子　長河修禊

水龍吟　瓶中桃花

前調　寒食次許伯英韻

前調　清明次許伯英韻

立山詞 一卷

清張琦撰

道光十年張琦宛鄰書屋刻本

書口下端鐫『宛鄰書屋』字樣，乃張琦雅號。此本行世較稀，今已不易一見。

版框高一七〇毫米，寬一三四毫米。白口。

立山詞一卷　　陽湖張琦

凡五十七首

映奩詞二卷

清夏敬觀撰

光緒三十三年精刻本

此夏氏詞集刊刻絕精，且書品寬大。鈐『苾厂藏書』朱文長方印，余當年徜徉廠肆時，此公舊藏書籍所見甚多，雖多屬清刻，卻甚爲講究，可謂俱屬精品。祇是敝人能力有限，偶拾一二小品而已。

版框高一二〇毫米，寬九〇毫米。黑口。

丁未二月

咉奩詞

梅盦

⊙ 咉奩詞內封面

彥和陳論風骨庶幾雅裁輔之標舉奇警慬猶餘事徃讀道希學士雲起軒詞絶歎其駿邁自憙不尚苟同君之所造頡頏邦賢沈思孤迴切情依黯融齋之論詞曰如異軍突起如天際真人是能於西江前哲補未逮之境抑且於北宋名流纘將墜之緒也祖謀退閒瑟居閒事遷弄傖歌里什無當詠謠三復斯篇以吟以歎聊疏謭見用質閎雅光緒丁未七月歸安朱祖謀

映奩詞

新建夏敬觀盥人

菩薩蠻

啾啾松柏東陵道春風又綠西陵草高馬逐香輪太原游俠人 南來雁飛月目斷咸陽闕御樹繞街斜杜鵑猶著花

驀山溪

桃花香海相約移船待飛騎出東門向橋亭金鞍重解美人江上曾記共湔裳蘭並

精選名儒草堂詩餘三卷

元鳳林書院選輯

嘉慶十六年秦恩復享帚精舍刻本

具體選人未詳。此書擇取元詞六十三家，凡二百零三首，而作者實皆南宋遺民。世稱採擷精妙，然而鳳林書院原刊本外，僅有嘉慶間《讀畫齋叢書》本一刻，别無單刻之本，且《讀畫齋叢書》本尚多錯譌。秦恩復取《讀畫齋叢書》本與冬讀書齋嚴氏手鈔厲鶚校本合校，刊成此本，頗受世人推重。内封面及書口上端俱鐫『元草堂詩餘』。

版框高一四三毫米，寬一〇一毫米。白口。

元鳳林書院本

元草堂詩餘

享帚精舍藏版

精選名儒草堂詩餘卷上

廬陵鳳林書院輯

太保劉公

順德○初名侃字仲晦其先瑞州人
也曾祖官邢州遂家焉至元二年拜
光祿大夫太保參領中書省事更名秉忠詔
翰林學士竇默以女妻之賜第奉先坊齋居蔬
食澹然不異平昔書得魯公法行草
獨師二王自號藏春散人有集十卷

木蘭花慢 混一後賦

望乾坤浩蕩曾際會好風雲想漢鼎初成唐基始建生物如春東風吹徧原野但無言紅綠自紛紛一作芬花月留連醉客江山憔悴醒人　龍蛇一屈一還伸未信喪斯文復上古淳風先王大典不費經綸天君

晚唐五季柔曼綺靡之音化爲側豔一時文人學士競撰新聲別開生面專集創自金荃陽春雖金荃佚而陽春尚存選錄始於家宴花間迨家宴亡而花間爲冠自兹以後如梅苑樂府雅詞陽春白雪花庵詞選絶妙好詞草堂詩餘等書竝皆規橅衛尉搜採靡遺唐宋以來詞人亦云大備至若尊前集花草粹編更無論矣曩於讀畫齋叢書中見鳳林書院名儒草堂詩餘三卷雖錄於元代猶是南宋遺民寄託遥深而音節激楚故厲太鴻比諸清湘瑤瑟與弁陽所選并稱不朽信乎標放言之致則愴怏而難懷寄獨往